和平与发展
联合国使命与中国方案

PEACE AND DEVELOPMENT
UN's Mission and China's Plan

肖 肃/朱天祥◎主 编

时事出版社
北京

图书在版编目（CIP）数据

和平与发展：联合国使命与中国方案/肖肃，朱天祥主编.
—北京：时事出版社，2017.12
ISBN 978-7-5195-0167-9

Ⅰ.①和… Ⅱ.①肖…②朱… Ⅲ.①联合国—研究 Ⅳ.①D813.2

中国版本图书馆 CIP 数据核字（2017）第 269755 号

出 版 发 行：时事出版社
地　　　　址：北京市海淀区万寿寺甲 2 号
邮　　　　编：100081
发 行 热 线：(010) 88547590　88547591
读者服务部：(010) 88547595
传　　　　真：(010) 88547592
电 子 邮 箱：shishichubanshe@ sina. com
网　　　　址：www. shishishe. com
印　　　　刷：北京朝阳印刷厂有限责任公司

开本：787×1092　1/16　印张：12.5　字数：170 千字
2017 年 12 月第 1 版　2017 年 12 月第 1 次印刷
定价：90.00 元
（如有印装质量问题，请与本社发行部联系调换）

序　言

我热烈祝贺中国联合国协会成功组织了中国首届"联合国问题全国征文大赛"，并出版了获奖征文。中国联合国协会和四川外国语大学也应受到赞扬，他们为促进关于联合国使命及其全球性努力的理解、研究与普及做出了巨大贡献。

联合国征文大赛旨在纪念中华人民共和国恢复联合国合法席位45周年。自那时以来，中国与联合国密切合作，促进世界和平、安全和繁荣。中国也不断在区域和国际层面深入参与打击毒品、犯罪、腐败和恐怖主义的斗争。联合国毒品和犯罪问题办公室作为这些领域的全球领导机构，可以通过其遍布世界各地的办事处提供援助和支持。

毒品和犯罪问题办公室通过其东南亚区域办事处，在大湄公河次区域与中国合作打击毒品和促进健康。我们还共同推进实施《联合国打击跨国有组织犯罪公约》，包括其关于贩运人口、偷运移民和枪支问题的三项议定书；《联合国反腐败公约》；三项国际禁毒公约和相关的国际反恐文书。

近年来，中国为联合国毒品和犯罪问题办公室关于促进法律援助途径的行动做出了贡献。在这种密切的伙伴关系中，中国不仅提供令人欢迎的资源，而且分享宝贵的经验、想法和最佳做法。这些深入认识对那些在毒品、犯罪、腐败和恐怖主义领域面临类似挑战的国际社会其他成员能够提供有益帮助。

毒品和犯罪问题是一个长期的发展问题，也是对健康、安全和稳定的威胁。2030年可持续发展议程为毒品和犯罪问题办公室提供了一种全面的方法，它确认有必要促进人权，并根据目标16——和平和包容的社会，加强诉诸司法的便利。毒品和犯罪问题办公室正与包括中国在内的所有利益攸关方共同努力，促进安全、正义、法治和健康，并将把2030议程的目标转化为世界各地千百万人受益的现实。

毒品、犯罪、腐败和恐怖主义是超越任何国家界限的问题，任何国家都不能独自解决。应对这些跨国问题的任何努力的核心是开展合作，这要求所有利益关系方，包括学术界和青年的集体参与。

这次联合国征文大赛的参加者主要是大学生和年轻学者，合宜得当。这些年轻人共同代表了中国的青年及国家的未来。获奖征文涵盖了一系列专题，如2030年议程、气候变化、维持和平行动、南南合作和中国的多边外交。

促进学术界和青年广泛参与联合国事务，对于实现2030年议程和联合国的任务至关重要。我希望中国联合国协会继续举办这一重要的竞赛，并建立起重要桥梁，将中国人民与包括毒品和犯罪问题办公室在内的整个联合国在世界各地开展的工作联系起来。

毒品和犯罪问题办公室随时准备加强与中国的合作，本着国际合作的精神，共同努力，让这个世界更加安全，远离毒品、犯罪、腐败和恐怖主义。

联合国毒品和犯罪问题办公室
执行主任
尤里·费多托夫
2017 年 12 月

FOREWORD
UNODC EXECUTIVE DIRECTOR

I offer my warm congratulations to United Nations Association of China (UNA-China) on the successful completion of the First National UN Essay Contest of China and the publication of the winning papers. UNA-China and the Sichuan International Studies University are also to be commended for their tremendous contribution to the promotion of comprehension, research and popularization of the United Nations' mission and its global efforts.

The UN Essay Contest commemorated the 45th anniversary of the restoration of the lawful seat of the People's Republic of China in the United Nations. Since that time, China has cooperated closely with the United Nations to promote world peace, security and prosperity. China is also steadily increasing its involvement in the fight against illicit drugs, crime, corruption and terrorism at the regional and international level. The UN Office on Drugs and Crime (UNODC), as a global leader in these areas, can provide assistance and support through its extensive network of field offices spanning the world.

FOREWORD UNODC EXECUTIVE DIRECTOR

Through its Regional Office for South East Asia, UNODC cooperates with China in countering illicit drugs and promoting health in the Greater Mekong Sub-region. We also work togetheron the implementation of the United Nations Convention against Transnational Organized Crime, including its protocols on human trafficking, migrant smuggling andfirearms; the United Nations Convention against Corruption; the three drug control conventions and the relevant international instruments on terrorism.

In recent years, China has contributed to UNODC's activities related to the promotion of access to legal aid. In this close partnership, China not only provides welcome resources, but also shares invaluable experiences, ideas and best practices. These insights are helpful to other members of the international community who share similar challenges in the areas of illicit drugs, crime, corruption and terrorism.

Drugs and crime are also an enduring development issue, as well as a threat to health, security and stability. The 2030 Agenda for Sustainable Development provides a holistic approach for UNODC, which recognizes the need to promote human rights and strengthen access to justice in accordance with Goal 16 on peaceful and inclusive societies. UNODC is working with all of its stakeholders, including China, to promote security, justice, the rule of law and health and to translate the goals of the 2030 Agenda into reality for millions of people everywhere.

But the issues of drugs, crime, corruption and terrorism are larger than any nation. No country can deal with these issues in isolation. Cooperation is at the center of any response to these transnational issues and it calls for the collective involvement of all stakeholders, including academia and youth.

It is therefore fitting that the participants of this UN Essay Contest are mainly university students and young scholars. Together these young people represent the youth of China as well as its future. The winning essaysalso cover a wide range of topics such as the 2030 Agenda, climate change, peacekeeping operations, south-south cooperation and China's multilateral diplomacy.

Promoting the involvement of academia and youth in a wide array of UN affairs is crucial to the achievements of the 2030 Agenda and the UN-mandate and I hope that UNA-China will continue to hold this important competition and to build essential bridges between the Chinese people and the work of the UN, including UNODC, around the world.

UNODC stands ready to enhance our cooperation with China to ensure that, together, and in the spirit of international cooperation, we continue theimportant work of making the world safer from drugs, crime, corruption and terrorism.

Yury Fedotov
Executive Director
United Nations Office on Drugs and Crime
December 2017

目录
Contents

和平与发展：联合国的永恒使命 …………………………………（1）
  一、联合国面临的挑战 ……………………………………（2）
  二、联合国的未来发展 ……………………………………（7）
  三、中国在联合国舞台上的重要作用 ……………………（8）

联合国维持和平行动的法理基础与法律依据 ………………（13）
  一、确定维持和平行动法律依据的法理基础 …………（14）
  二、关于维持和平行动法律依据的学界争论 …………（17）
  三、构成维持和平行动法律依据的法律规范 …………（22）

联合国难民保护机制的历史及演变 …………………………（31）
  一、联合国难民保护机制的建立 ………………………（31）
  二、联合国难民保护机制的演变 ………………………（33）
  三、联合国难民保护机制所面临的问题与挑战 ………（40）

金砖国家与联合国安理会改革……………………（43）
    一、联合国安理会改革的背景………………………（43）
    二、金砖各国关于安理会改革的立场………………（48）
    三、金砖国家立场异同的原因及影响………………（50）
    四、金砖国家合作推进安理会改革的前景…………（53）

巴西落实联合国2030年可持续发展议程的行动、成就与挑战……………………………（57）
    一、巴西落实联合国2030年可持续发展议程的行动………（58）
    二、巴西落实联合国2030年可持续发展议程的成就………（62）
    三、巴西落实联合国2030年可持续发展议程面临的挑战…（70）

应对气候变化的全球责任…………………………（75）
    一、共同但有区别的责任……………………………（78）
    二、污染者付费原则…………………………………（79）
    三、能力与责任分配…………………………………（85）
    四、中国承担国际责任积极行动……………………（87）

多边外交：中国视角下的学术争鸣
——基于CNKI学术论文的内容分析（1985—2015）…（90）
    一、研究缘起…………………………………………（90）
    二、研究材料与方法…………………………………（96）
    三、谁在关注"中国多边外交"相关议题……………（97）
    四、中国为什么需要"多边外交"……………………（100）
    五、"多边外交"研究中的中国国家身份与"美国因素"……（105）

六、联合国与中国多边外交 ………………………………… (108)
　　七、中国"多边外交"学术争鸣的理论源泉 ………………… (109)

当前中国实施全方位多边外交的现实基础与战略构建 ……… (111)
　　一、当前中国实施全方位多边外交的现实基础 …………… (112)
　　二、当前中国实施全方位多边外交的战略构建 …………… (116)

"一带一路"视域下的南南合作困境突破 …………………… (123)
　　一、当前南南合作的困境 …………………………………… (124)
　　二、"一带一路":南南合作新模式 ………………………… (126)
　　三、突破困境:"一带一路"与南南合作的共同进化 ……… (130)

中国的联合国外交
　　——新一届政府在联合国各类发言的文本分析 ………… (136)
　　一、发言人员 ………………………………………………… (137)
　　二、发言场所 ………………………………………………… (138)
　　三、发言题目 ………………………………………………… (139)
　　四、发言表述 ………………………………………………… (142)
　　五、发言成效 ………………………………………………… (145)

中国的联合国与可持续发展研究的重点、问题与展望 ……… (152)
　　一、联合国和中国是可持续发展规范的积极倡导者 ……… (152)
　　二、当前联合国与可持续发展问题研究的重点 …………… (155)
　　三、当前中国的联合国与可持续发展研究的问题 ………… (158)
　　四、中国的联合国与可持续发展研究的展望 ……………… (165)

从联合国和平维度的演变看中国与联合国的合作 …………（168）
一、联合国成立前后和平手段的扩展与演变 ………………（169）
二、1971年中国恢复合法席位后在和平维度与联合国的互动 ……（173）

后记 ……………………………………………………（186）

和平与发展：联合国的永恒使命

成 芳[*]

联合国是当今世界最具普遍性、代表性和权威性的政府间国际组织，《联合国宪章》是现代国际秩序的基石，确立了当代国际关系的基本准则。70多年来，联合国走过了一条不平坦的道路，取得了举世瞩目的成就。站在新的历史起点上，联合国需要回答如何更好地维护和平与促进发展、如何完善全球治理这一问题。中国在联合国这个多边舞台上，秉持《联合国宪章》宗旨和原则，高举和平、发展、合作、共赢的旗帜，弘扬共商、共建、共享的全球治理理念，积极参与解决地区和全球热点问题，全面参与全球发展合作，与各国构建合作共赢的新型国际关系。中国大力支持联合国各领域的工作，为推动世界和平、促进包容和可持续发展做出了重大贡献，为完善全球治理贡献中国智慧和中国力量。

---

[*] 成芳，吉林大学行政学院2013级博士研究生。

一、联合国面临的挑战

联合国走过了70多年的风风雨雨,见证了各国守护和平、谋求共同发展的探索和实践,取得了巨大的成就。当前,维护世界和平与促进共同发展的任务仍然艰巨,一大批新兴国家崛起,国际格局发生了变化,已有的全球治理体系不能适应新的形势。作为全球治理的主导者,联合国面临着内部和外部的诸多挑战。美国总统奥巴马在2015年维和峰会上发表讲话时指出,"一个长期存在的挑战是只有少数国家承担了为联合国提供维和部队的任务,这是不可持续的"。[①] 联合国还面临着内部改革的问题。此外,美国霸权的单边主义做法对联合国权威构成巨大的挑战,联合国还面临新兴国家的群体性崛起所带来的挑战和新兴多边机制带来的挑战。

(一)联合国面临的内部挑战

1. 联合国没有常备军,限制了联合国对危机的快速反应能力。联合国维护和平的主要手段是维和行动,维和行动为和平而生,为和平而存,是维护世界和平与安全的重要途径。冷战以后,国际政治经济形势发生了巨大变化,联合国维和行动的数量和规模也迅速

---

① Remarks by President Obama at U. N. Peacekeeping Summit, https://www.whitehouse.gov/2015/09/28/remarks-president-obama-un-peacekeeping-summit. (上网时间:2016年8月6日)

扩大，维和行动越来越多地用于处理国界内部的冲突或者内战。而且，维和行动的使命逐渐演变成具有军事和民事等多重任务，维和行动也从防止冲突向重建和平发展。因此，任务的扩大与军事资源的不足限制了联合国的行动能力。联合国每年维和行动所需的费用超过80亿美元，而联合国的会费每年只有20多亿美元。联合国新的维和待命部队，是根据《联合国宪章》并且结合当前国际安全形势制定的维和待命机制所组建的军事组织，是由成员国加入组建以维护和平的军事力量。2015年9月28日，习近平主席在第七十届联合国大会一般性辩论上发表讲话时提出，中国将加入新的联合国维和待命机制，率先组建常备成建制部队，并建设8000人规模的维和待命部队，在未来5年内向非盟提供总数为1亿美元的无偿军事援助，以支持非洲常备军和危机应对快速反应部队建设。在维和峰会上，习近平主席进一步表明，中国将在今后5年为各国培训2000名维和人员，开展10个扫雷项目，向联合国在非洲的维和行动部署首支直升机分队。

2. 联合国的改革问题。联合国的改革从联合国诞生之日起就一直在进行，联合国前秘书长安南正式提出联合国的改革，旨在使联合国变成更加适应新挑战的权威国际组织。联合国的改革是一个循序渐进和复杂的过程，其改革面临着内在矛盾，即"公共利益与个体利益之间的矛盾、时代变迁与机构惰性之间的矛盾、民主与效率之间的矛盾和结构性矛盾"。[①] 联合国改革的推进需要协调各方面的利益关系，需要与时俱进，需要既体现民主又提高效率，还要应对国际关系本身的结构性矛盾反映在联合国中的力量分化组合。因此，

---

① 中国联合国协会：《联合国70年成就与挑战》，世界知识出版社2015年版，第430—431页。

联合国改革的呼声很高，同时改革的难度也很大。其中，最大的难题是安理会改革，安理会改革具有明显的权力博弈性质。联合国大会于2009年2月19日启动了有关安理会改革的政府间谈判，主要围绕安理会成员类别、否决权问题、区域席位分配、扩大后的安理会规模以及安理会工作方法。2016年7月，中国常驻联合国代表刘结一指出，中国坚持安理会改革的政府间谈判仍然由会员国主导，以会员国的立场、主张和建议为基础，各方就安理会改革的几大问题进行广泛民主协商，逐步形成一揽子解决方案并为最终达成共识创造条件。

（二）联合国面临的外部挑战

1. 霸权的挑战。摩根索曾经指出，联合国的宪制设计建立在三个假设之上：统一行动的大国将对付任何对和平与安全的威胁，不管它来自何方；它们联合起来的力量，无需诉诸战争就足以应对所有这类威胁；这类威胁将不会来自这些大国之中的任何一个。[①] 但事实是，对世界和平与安全的威胁主要来自这些大国。以美国为例，第一次世界大战后威尔逊相信世界各国对和平有同样的渴望和利益，因此各国应该联合起来保卫国际秩序，于是威尔逊倡导成立国际联盟。但是国际联盟成立后，美国并未加入，其理由是美国不能接受超国家力量的控制。罗斯福设想并提出建立联合国，美国是联合国的倡导者和推动者，而美国对联合国的态度是有用则强化、不用则弃之。伊拉克战争中所体现出来的美国单边主义做法对联合国构成

---

① ［美］汉斯·摩根索著，徐昕、郝望、李保平译：《国家间政治——权力斗争与和平》，北京大学出版社2006年版，第509页。

了挑战，也推翻了摩根索提出的三个假设。美英主导发动伊拉克战争没有得到联合国的授权，其行为导致的结果是中东陷入一片乱局，联合国的信誉和美英两国的形象受损。伊拉克战争，是由统一行动的大国制造了威胁，而不是应对威胁。菲律宾总统杜特尔特声称，中东没有向美国输出恐怖主义，美国向中东输出了恐怖主义。美国是联合国的倡导者和最大出资国，理应成为联合国的积极建设者，但是多年来美国只是维护以美国或者西方的价值观为基础的、美国主导的军事联盟为支柱的、联合国及其下属机构为框架的国际秩序，而不是以联合国宪章宗旨和原则为基础的国际秩序。美国维护的是霸权体系，而不是联合国制度的有效性。当霸权体系和联合国制度的有效性不一致时，美国的霸权主义做法就对联合国权威构成了深刻的挑战。

2. 新兴大国的崛起和新兴多边机制带来的挑战。新兴大国的群体性崛起必然要求在全球治理领域提高自己的代表权和发言权，对以西方为主导的，包括国际货币基金组织、世界银行和联合国等在内的全球治理体系，在治理理念、模式及机制等方面构成了挑战。新兴大国一方面会对全球经济治理体系提出改革要求，一方面会对联合国提出入常要求。比如四国集团、非盟、"团结谋共识"集团等，都希望提升话语权，登上世界政治舞台的中心。另外，新兴大国会要求参与建立新的机制，与发达国家共同治理。现在它们之所以没有联合起来争取更大的权益，挑战联合国体系，"一是因为霸权结构的存在，二是它们认为接受联合国规范符合自己的国家利益，三是它们内部在名额分配上也难以形成一致"。[①]

[①] 中国联合国协会：《联合国70年成就与挑战》，世界知识出版社2015年版，第10页。

3. 应对气候变化的挑战。联合国在全球气候治理中处于中心地位，但是温室气体的排放仍然呈现上升趋势，联合国在应对气候变化这一复杂问题上面临着挑战。气候问题的复杂性在于其本身具有不确定性。气候变暖是不争的事实，但是人类活动究竟在多大程度上影响了气候变化、气候变化的幅度怎样等问题仍然具有不确定性。科学角度的不确定性以及各国从自身利益出发应对这一问题，导致全球各国难以在政治上达成共识。联合国政府间气候变化专门委员会专门负责评估气候变化的科学信息。应对气候变化的共同但有区别的责任原则，首先强调责任的共同性，其次强调各个国家承担的责任是有区别的，这既保证了程序公平又保证了结果公平。但一些发达国家否认有区别的责任，枉顾其发展过程中所走过的先污染后治理的道路，认为污染主要是由发展中国家造成的。气候变化的客观事实和难以达成共识以解决问题的现状，使得联合国面对如何处理气候变化中的公平与效率问题。

4. 恐怖主义的挑战。联合国在国际反恐行动中发挥着关键作用。作为国际体系的核心和最大的政府间国际组织，联合国具有强大的动员能力和组织能力。恐怖主义之所以越反越恐，是因为没有找到根源。恐怖主义产生的根源是动荡和落后，联合国要在动荡地区维护秩序，首先必须强化自身作用，让联合国真正成为反对恐怖主义的主要领导者。其次要通过发展援助和发展合作，促进恐怖主义猖獗地区乃至全球的经济社会发展，这样才能从根本上消除恐怖主义的危害。

5. 推进可持续发展的挑战。未来全球可持续发展要克服的两大问题是贫穷和贫富差距。只有在全球化的过程中，尊重不同发展阶段国家基于国情的发展模式，加强南南合作，促进整个世界的互联互通和发展合作，才能实现可持续发展，解决经济、社会和环境三个维度的发展问题。可持续发展的目标之一是在世界各地消除一切形式的贫困和减少国家内部以及国家之间的不平等，这是联合国面临的挑战。

二、联合国的未来发展

联合国不变的使命是维护世界的和平与发展。过去的70多年当中，联合国在维护世界和平与发展上取得了举世瞩目的成就，也面临着种种挑战。未来联合国应该从维护世界和平与发展的国际组织向担负全球治理任务的机构转变，以促进可持续的和平与发展。联合国仍然是全球治理的基础和核心，关于全球治理的全球治理论、霸权稳定论都站不住脚。全球治理论认为，在经济全球化的背景下，各国相互依赖，国家主权正在弱化，国际政治将变成世界政治。这一理论无法实现的依据在于民族国家仍然是21世纪的主要行为体，民族国家依然是国际政治的基本单元，没有良好的国内政治，就没有良好的国际政治。霸权稳定论认为，世界政治经济的稳定必须要有一个霸权存在，霸权的衰落或者丧失将导致世界政治经济不稳定。但是，如果霸权为其一己之利而不能维持自由、开放、包容的市场经济，那么霸权所带来的就不是稳定而是不稳定。因此，联合国仍将是全球治理的核心机构，面临着传统与非传统安全的挑战。

联合国是应对新挑战最具合法性和权威性的国际机构。第一，应该维护联合国在国际体系中的核心地位和权威作用。联合国发挥作用应当更好地形成全球伙伴关系网络，这一网络包括公共部门和私营部门，以便更好地协调冲突、加强合作和完善全球治理。第二，联合国各种机制与新兴多边机制是相互补充的关系。例如，联合国和 G20 相互补充，可以更好地发挥联合国在全球治理中的合法性和 G20 的创新性与活力。第三，应该坚持联合国在应对气候变化这一全球主要威胁方面的主体作用，应该在倡导巴黎气候大会三大原则的基础上，协调各国按照协定的约束来履行减排义务。第四，联合国在打击恐怖主义方面起着主要作用，只有在联合国的引领下，各国携手合作，消除恐怖主义产生的根源，才能从根本上消除恐怖主义。第五，减贫的根本途径是发展，联合国应该着力加强减贫发展合作，改善国际发展环境，实现多元自主可持续发展，推动各国共同实现 2030 年可持续发展目标。

联合国维护和平与发展，进行全球治理，需要建设全球伙伴关系，促进国际社会在全球、地区、国家和地方层面的社会交流，促进青年人才的培养和交流。联合国是国际规制的建设者和实施者，应该积极变革和转型，与新兴多边机制协调配合，在各层级建立正义、有效、包容的机构，促进有利于可持续和平与发展的包容社会。和平、发展、公平、正义、民主、自由是全人类的共同价值，也是联合国的崇高目标。现在，联合国面临着再定位和再出发的重要契机，需要对各领域工作进行加强和完善，以实现联合国的目标。联合国强大，世界更美好。联合国只有不断地注入新动力，变得更强大，才能服务于"联合国人民"，才能使世界变得更加美好。

三、中国在联合国舞台上的重要作用

中国是多边主义的坚定支持者和践行者，联合国是中国进行中国特色大国多边外交、发挥大国作用的舞台。中国在联合国这个多边舞台上，积极参与联合国事务，维护国际和平与安全，努力引领国际发展合作，为国际社会贡献中国方案和中国智慧。中国既是联合国的发起国、创立国，也始终是联合国事业的积极支持者和参与者，将继续支持联合国发挥重要作用，为世界和平与发展事业做出贡献。"作为联合国安理会的常任理事国和世界公认的全球行为体，中国在参与解决国际冲突、构建和平、为中东和非洲这些世界上冲突最严重的地区提供生活援助方面，起到了核心作用。"[1] 中国是维护世界和平的重要力量，也是促进共同发展的重要力量。中国是世界上最大的发展中国家，始终坚持发展是第一要务，只有发展才是保障人民基本权利，满足人民需求的根本途径。在新的发展阶段，中国秉持创新、协调、绿色、开放、共享的发展理念，实施创新驱动发展战略，统筹推进经济建设、政治建设、文化建设、社会建设和生态文明建设，推动绿色低碳发展方式和生活方式，努力提高对外开放水平，创造公平公正的共同发展机会。中国积极参与全球发展合作，构建以合作共赢为核心的新型国际关系，协调推进经济、社会、环境三大领域发展，实现包容性经济增长和构建开放型世界经济，尊重各国基于国情的发展战略，使各国共同参与全球发展进程，共享全球发展成果。"中国要在深化改革中发展，要在扩大开放中发展，要在维护和平中发展。"[2] 中国的发展离不开世界，世界的发展也离不开中国。中国致力于在联合国的框架下，与各国携手共

---

[1] Ban Highlight country's Leadership on Sustainable Development, Climate Change, July 7, 2016, http://www.un.org/sustainabledevelopment/2016/07/in-china-ban-highlight-country's-leadership-on sustainable-development-and-climate-change. （上网时间：2016 年 9 月 6 日）

[2] 李克强："携手建设和平稳定可持续发展的世界"，http://news.sina.com.cn/china/xlxw/2016-09-22/doc-ifxwevmc5181155.shtml. （上网时间：2016 年 9 月 22 日）

同走上公平、开放、全面、创新的可持续发展道路，通过推动发展来应对气候变化、恐怖主义和贫困等全球性挑战。

1. 气候变化已经给全球可持续发展带来严重影响。中国坚持在应对气候变化方面，应该履行共同但有区别的责任原则、各自能力原则和公平原则，推动建立公平合理、合作共赢的全球气候治理体系。中国递交联合国的气候变化国家自主贡献文件表明中国高度重视气候变化问题，积极应对气候变化不仅是实现中国可持续发展的内在要求，也是中国参与全球气候治理、推动全球发展的责任和担当。2016年中国交存气候变化《巴黎协定》批准文书展示出中国履行承诺、勇于应对全球性气候挑战的决心。

2. 恐怖主义是人类社会的公敌，一些地区和国家的政治动荡、经济发展停滞和美国等国家在反恐方面使用双重标准，使得恐怖主义呈现越反越恐的趋势。菲律宾总统杜特尔特提出，中东没有输出恐怖主义给美国，美国向中东输出了恐怖主义。哈佛大学教授尼克·特斯指出，美国的军事行动与恐怖主义的扩散具有正相关性。中国反对一切形式的恐怖主义，主张充分发挥联合国的主导作用以形成统一战线，采取多种手段、标本兼治，而非采用双重标准。作为恐怖主义的受害者，中国一直以来积极致力于国际反恐合作，深度参与联合国、上合组织、全球反恐论坛等多边合作机制。打击恐怖主义是所有国家面临的问题，在恐怖主义面前，任何国家都不可能独善其身，而应该携手合作、联合应对，消除恐怖主义产生的根源。

3. 消除贫困是人类共同的使命，各国应该凝聚共识、合作共赢，致力于消除贫困，为各国人民带来福祉。中国致力于消除自身贫困的同时，通过南南合作、发展援助等方式，支持广大发展中国家特别是最不发达国家消除贫困、实现发展。中国将设立南南合作援助基金，继续增加对最不发达国家的投资，免除对有关最不发达国家、内陆发展中国家、小岛屿发展中国家的相关债务，提供包括减贫在内的合作和培训项目，以及奖学金名额。积极推动构建以合作共赢为核心的国际减贫交流合作关系，倡导和践行多边主义，支持联合国等在国际减贫事业中发挥重要作用。发挥好中国国际扶贫中心等国家减贫交流平台的作用，发展全球伙伴关系，贡献中国智慧和中国方案。同时，中国通过更大范围、更高层次、更广领域的减贫合作，与发展中国家对接发展战略，帮助发展中国家把资源优势转化为发展优势，增强内生发展动力。消除贫困的重要条件是包容开放的世界经济和公平公正的国际经济秩序，中国倡导和设立的"一带一路"、亚投行、丝路基金等机制就是要支持发展中国家的互联互通建设，努力形成政策沟通、道路联通、贸易畅通、货币流通、民心相通的局面，为国际减贫事业注入新的动力。

中国的联合国外交是中国特色大国多边外交的重要组成部分。中国特色大国外交提倡以多边为舞台，构建以合作共赢为核心的新型国际关系，弘扬共商、共建、共享的全球治理理念，打造人类命运共同体。中国特色大国多边外交是中国特色大国外交在多边舞台上的展现，中国在联合国这个全球多边外交的中心舞台发出中国声音，贡献中国智慧，为推进中国特色大国多边外交迈出了坚实的步伐。中国将始终做世界和平的建设者，致力于走和平发展和合作发展的道路，继续维护以《联合国宪章》宗旨和原则为核心的国际秩序和国际体系。自1971年中国恢复在联合国的合法席位到中国成为第二大经济体以来，作为世界上最大的发展中国家和联合国常任理事国，中国一直郑重承诺永远不称霸、不扩张、不搞势力范围。中国参与提出并且恪守《联合国宪章》宗旨和原则，主张国家无论大小一律平等，尊重各国领土和主权完整，尊重各自的发展道路和社会制度，构建合作共赢的新型国际关系和包容的全球伙伴关系。中国倡议建设的"一带一路"作为建立全球伙伴关系的一个载体，秉持平等合作、权责对等的原则，在全球治理上实现共商、共建、共享。中国与联合国密切配合，在联合国的各项行动中做出了重大贡献。联合国的永恒使命是和平与发展，中国是世界和平与发展的推动者和促进者，正在以积极有为、奋发进取的姿态与联合国携手同行，为全球共同福祉而奋斗。

联合国维持和平行动的法理基础与法律依据

蒋圣力[*]

联合国作为当前国际法治的重要构建者和维系者,其为履行维持国际和平与安全职责而在实践中创设的维持和平行动具有国际法上的合法性这一点,本应当是不存在疑问的。然而,由于《联合国宪章》以及其他具有较高法律效力和位阶的国际法律文件均未对维持和平行动做出明文规定,国内外学界关于维持和平行动是否具有法律依据,以及何者构成其法律依据等问题的争论始终存在。

对此,应当认识到,法律依据是对维持和平行动具有国际法上的合法性的反映,即在维持和平行动在国际法上的合法性已经得到肯定的前提下,以法律规范的形式(如国际条约中的具体规定、国际组织决议中的具体内容等)将其反映出来;而法理基础则是在缺乏国际法律文件明文规定的情况下,使维持和平行动仍然得以具有国际法上的合法性的原因,或者说,是对维持和平行动在国际法上的合法性之所以能够得到肯定的说明。由此,唯有首先阐释清楚维

---

[*] 蒋圣力,华东政法大学国际法专业博士研究生,香港大学法律学院访问学者,主要研究方向为国际法学。

持和平行动的法理基础，才能明确其相应的法律依据；而维持和平行动的法律依据实际上即是体现了其法理基础的已有的法律规范，以及因实施维持和平行动的需要而根据其法理基础做出的新的法律规范。

一、确定维持和平行动法律依据的法理基础

诚如有学者指出的，除了享有基于组织约章的明文规定而被赋予的明示的权力之外，国际组织及其职能机构还应当享有必要的"隐含的权力"（implied power），即基于该国际组织的目的和宗旨而根据其组织约章所推得的权力。[①] 由此，尽管作为联合国组织约章的《联合国宪章》并未将维持和平行动明文确立为联合国为履行维持国际和平与安全职责而应当采取的方法，也未明文授权联合国大会或者安理会得以通过决议决定实施这一在《宪章》中无确切定义和规则可循的特殊行动，但是联合国在实践中创设维持和平行动却并非是"越权的""非法的"；恰恰相反，实施维持和平行动是联合国基于自身的目的和宗旨而应当享有的一项必要的"隐含的权力"。而此处所谓"隐含的权力"，实际上也正是在缺乏《联合国宪章》等国际法律文件明文规定的情况下，使维持和平行动仍然得以具有国际法上的合法性的法理基础。

一般认为，国际法院于1949年4月11日就"执行联合国职务时所受损害的赔偿案"做出的咨询意见是肯定联合国，乃至所有国

---

① 参见饶戈平主编：《国际组织法》，北京大学出版社1996年版，第255页。

际组织应当具有"隐含的权力"的重要国际法依据。① 在该咨询意见中，国际法院指出，尽管《联合国宪章》并未对联合国为实现其目的和宗旨所必须具备的某些权力作出明文规定，但由于相关权力对于联合国履行职责而言是必不可少的，应当认为联合国被赋予上述权力是《宪章》所必然具有的含义。② 由此，又因为如前所述地，一方面，《联合国宪章》序言和第一条第一项的规定明确将维持国际和平与安全确立为了联合国最为主要的目的和宗旨；另一方面，现实中确实存在根据《宪章》第六章的规定、通过和平解决国际争端的方式不足以消除的破坏或者威胁国际和平与安全的冲突，同时又尚未达到须根据《宪章》第七章的规定、以强制性的集体安全措施予以应对和处置的程度的情况，故而，实施维持和平行动以控制和解决上述冲突、恢复或者维持冲突地区的和平，应当构成联合国为履行维持国际和平与安全职责所必须具备的一项权力；易言之，基于其维持国际和平与安全的目的和宗旨，实施维持和平行动应当是《联合国宪章》当然地赋予联合国的一项"隐含的权力"。

当然，联合国得以具备的"隐含的权力"并非是无限的，而是应当受到须是"必要的"和"至关重要的"等要求的制约。③ 对此，由于维持国际和平与安全是联合国最为重要的目的和宗旨，而倘若联合国不通过实施维持和平行动控制和解决上述特定的冲突，并以此在事实上填补《联合国宪章》第六章和第七章的规定之间的空白，

---

① 参见饶戈平、蔡文海："国际组织暗含权力问题初探"，《中国法学》1993年第4期，第98页。

② 参见"国际法院判决、咨询意见和命令摘要（1948—1991）"，第9页。资料来源：http://www.icj-cij.org/homepage/ch/files/sum_1948-1991.pdf。（访问时间：2017年3月10日）

③ See K. Skubizewski, "Implied Powers of International Organization", in Y. Dinsterin ed., *International Law at a Time of Perplexity*, Martinus Nijhoff Publishers, 1989, p. 861.

那么便会无法采取适当的、有效的方法对上述特定的冲突予以处置和应对，而只得任由其对国际和平与安全造成破坏或者威胁。因此，无论是基于实现维持国际和平与安全的目的和宗旨的需要还是为维持国际和平与安全本身，实施维持和平行动对于联合国而言，毋庸置疑地是一项必要的且至关重要的"隐含的权力"，而赋予联合国该项权力也并非任意地扩张联合国的权力或者扩大解释《宪章》的相关规定。同时，基于与"必要的"和"至关重要的"等要求相符的事实，实施维持和平行动还可以被视为根据联合国维持国际和平与安全的一般权力而推得的一项具体权力，并且因此虽然未经《联合国宪章》明文赋予，但却得以为联合国所合法享有。[1]

此外，有学者指出，国际组织根据所享有的"隐含的权力"做出的决议应当具有可预见性，即该国际组织的成员国应当可以预见其将会受到诸如上述决议的约束。[2] 对此，根据《联合国宪章》第四条第一款的规定，联合国会员国须是自愿接受《宪章》所载的各项义务，并且确实有能力履行义务的、爱好和平的国家，由此，由于维持国际和平与安全作为联合国最为重要的目的和宗旨，当然地也是联合国应予履行的职责和联合国会员国应予履行的义务，因此，采取包括实施维持和平行动在内的适当的、有效的方法以维持国际和平与安全，应当并不致超出联合国会员国可以合理预见的、其应予履行的义务的范围；易言之，联合国会员国应当可以预见其将会受到要求其履行上述义务的决议的约束。同时，根据前述《联合国宪章》第四十三条第一款的规定，以及迄今为止已有 125 个联合国

---

[1] 参见周忠海编：《和平、正义与法》，中国国际广播出版社 1993 年版，第 299 页。
[2] 参见黄瑶："国际组织决议的法律效力探源"，《政治与法律》2001 年第 5 期，第 31 页。

会员国派遣人员参与维持和平行动的事实，实施维持和平行动对于联合国会员国而言不仅是一项可以被预见到的义务，更是一项确实应当履行并且有能力可以履行的义务。是故，联合国根据其享有的实施维持和平行动的"隐含的权力"而做出的相关决议符合须具有可预见性的要求。

二、关于维持和平行动法律依据的学界争论

如前所述，《联合国宪章》以及其他具有较高法律效力和位阶的国际法律文件关于维持和平行动的明文规定的缺失，使得国内外学界对于维持和平行动是否具有法律依据，以及何者构成其法律依据等问题始终存在争论。而在笔者看来，上述无论是否定维持和平行动具有法律依据的观点，还是肯定维持和平行动具有法律依据并提出具体法律规范作为其法律依据的观点，均存在不尽周全和片面之处，应当首先予以指出并进行分析、阐释。

否定维持和平行动具有法律依据的观点认为，由于维持和平行动游走在《联合国宪章》第六章通过和平方式解决国际争端与第七章采取强制性措施解决冲突之间的"真空地带"，维持和平行动的法律依据应当处于空白的状态。[①] 对此，应当明确的是，尽管维持和平行动的实践情形确实不仅超出了依照《宪章》第六章的规定、为和平解决国际争端而应当采取的各项方式的限度，同时又与《宪章》

---

① See John Gerard Ruggie, "Wandering in the Void", *Foreign Affairs*, Vol. 72, No. 5, 1993, pp. 26-28.

第七章关于采取强制性的集体措施恢复或者维持国际和平与安全的规定并不相符，但是诚如前文所指出的，维持和平行动实际上却恰恰填补了《宪章》第六章和第七章之间的空白，是专门应对和处置依照《宪章》第六章的规定尚不足以消除，而又无须依照《宪章》第七章的规定加以解决的冲突情势的方法；并且，因为上述冲突情势在客观上当然地对国际和平与安全造成了破坏或者威胁，所以通过实施维持和平行动对此进行有效的、适当的应对和处置，应当是联合国履行维持国际和平与安全职责的应有之义。是故，从这一意义上看，至少《联合国宪章》序言和第一条第一项将"维持国际和平与安全"确立为联合国最为重要的目的和宗旨的规定，可以被视为对维持和平行动应当具有虽然是间接的，但却是充分的法律依据的证明。而这也就使得因为维持和平行动的实践情形与《联合国宪章》中的明文规定不相适应而否定维持和平行动具有法律依据的观点是无法成立的。

肯定维持和平行动具有法律依据的观点提出，作为维持和平行动法律依据的法律规范基本为《联合国宪章》中某一或者某些具体的条文规定，并且上述观点似乎将《宪章》中的具体规定视为维持和平行动的直接的法律依据，即认为联合国大会或者安理会之所以得以决定实施维持和平行动，就是因为得到了相关的具体规定的授权。对此，应当指出的是，在缺乏《联合国宪章》等国际法律文件明文规定的情况下，真正使维持和平行动仍然得以具有国际法上的合法性，应当是前述联合国所享有的必要的"隐含的权力"，而非《宪章》中的具体规定。这是因为，倘若不论联合国享有实施维持和平行动的"隐含的权力"这一法理基础，那么，基于《宪章》并未就维持和平行动做出任何明文规定，以及维持和平行动的实践情形与《宪章》第六章和第七章的明文规定均不相适应的事实，仅凭

《宪章》中某一或者某些具体的条文规定，是根本无法推知维持和平行动具有国际法上的合法性的。由此，在联合国享有实施维持和平行动的"隐含的权力"这一法理基础使得维持和平行动在国际法上的合法性得到肯定的前提下，《联合国宪章》中的具体规定作为以法律规范的形式对此的反映，应当是维持和平行动的间接的法律依据；易言之，唯有首先明确得以实施维持和平行动的法理基础，而后再将《宪章》中的具体规定与之进行对照、说明，方才能够周全地阐释维持和平行动的法律依据。

除了上述共同存在的问题之外，在肯定维持和平行动具有法律依据的观点提出的作为维持和平行动法律依据的《联合国宪章》中的若干具体规定中，多数与维持和平行动的实际情况也并不契合。

有观点认为，维持和平行动属于通过和平方式解决国际争端的范畴，因而《联合国宪章》第六章的规定应当构成其法律依据。例如，在"联合国的某些经费问题案"中，加拿大代表马塞尔·卡迪厄（Marcel Cadieux）在向国际法院进行口头陈述时指出，联合国安理会决定实施"联合国刚果行动"所依据的是《联合国宪章》第三十三条至第三十八条、即《宪章》第六章的规定；[1] 挪威代表詹斯·埃文森（Jens Evensen）对上述观点也表示认同，并在其口头陈述中指出，联合国安理会之所以得以决定实施"联合国刚果行动"，即是因为得到了《宪章》第六章的规定的授权。[2]

对此，应当认识到，维持和平行动的实际情况与《联合国宪章》

---

[1] "Certain Expenses of the United Nations", The International Court of Justice, Oral Statements, CR 1962/26, p. 302. 资料来源：http://www.icj-cij.org/docket/files/49/9321.pdf。（访问时间：2017年3月10日）

[2] "Certain Expenses of the United Nations", The International Court of Justice, Oral Statements, CR 1962/26, p. 352. 资料来源：http://www.icj-cij.org/docket/files/49/9321.pdf。（访问时间：2017年3月10日）

第六章关于通过和平方式解决国际争端的规定至少在以下两个方面不相适应：其一，由于无论基于何种原因、通过何种形式的对武力的使用，均无法被视为是"和平的"，《宪章》第六章所称的"和平方式"与使用武力是相互排斥的；而如前所述，为保护平民和遏制针对维和人员的暴力侵害行为，维和部队在实施维持和平行动的过程中却是可能使用武力的。由此，至少在实施过程中，使用了武力的维持和平行动是无法被纳入到"和平方式"的范畴中的；而这就使得认为维持和平行动完全属于"和平方式"的观点是难以成立的。其二，诚如有学者指出的，从《宪章》第三十六条第一款、第三十七条第二款和第三十八条的规定的文本含义看，①《宪章》第六章的规定实际上仅授权联合国安理会"建议"联合国会员国通过和平方式解决国际争端，而并未赋予其直接采取任何方法的权力。② 与之相对地，从维持和平行动的实践情形看，除了 2 项维持和平行动是由联合国大会决定实施的之外，其余 68 项则均是联合国安理会通过其具有强制性的法律拘束力的决议决定实施的；而倘若依据仅赋予了其"建议"权力的《宪章》第六章的规定，联合国安理会是无法做出上述具有强制力的决议以实施维持和平行动的。是故，笔者认为，诚如在上述"联合国的某些经费问题案"中，苏联代表图金（G. I. Tunkin）在其口头陈述中指出的，《联合国宪章》第六章的规

---

① 《联合国宪章》第三十六条第一款规定："属于第三十三条所指之性质之争端或相似之情势，安全理事会在任何阶段，得建议适当程序或调整方法。"第三十七条第二款规定："安全理事会如认为该项争端之继续存在，在事实上足以危及国际和平与安全之维持时，应决定是否当依第三十六条采取行动或建议其认为适当之解决条件。"第三十八条规定："安全理事会如经所有争端当事国之请求，得向各当事国作成建议，以求争端之和平解决，但以不妨碍第三十三条之第三十七条之规定为限。"

② 参见 [英] M. 阿库斯特著，汪瑄等译：《现代国际法概论》，中国社会科学出版社 1981 年版，第 260 页。

定并不得作为维持和平行动在《宪章》中的法律依据。①

另有观点认为,《联合国宪章》第七章中关于采取强制性措施恢复或者维持国际和平与安全的若干具体规定可以作为维持和平行动的法律依据。例如,时为哈佛大学法学院教授的路易斯·索恩(Louis B. Sohn)认为,《宪章》第四十一条关于采取非武力的强制性措施的规定可以作为维持和平行动在《宪章》中的法律依据;②而英国学者施瓦岑伯格(G. Schwarzenberger)则在其于1960年第49届国际法协会大会上所做的《联合国维和部队的法律问题报告》中指出,由于维持和平行动是由联合国安理会决定实施的,并且实施维持和平行动的维和部队在性质上属于武装部队,《宪章》第四十二条关于采取武力的强制性措施的规定应当对其适用。③

对此,应当认识到,如前所述,维持和平行动与集体安全机制之间既存在联系又存在差异,虽然两者并非非此即彼、相互分离的关系,但维持和平行动从根本上也并非集体安全机制的组成部分或者从属于集体安全机制。并且,尽管随着实践的发展,维持和平行动在效果和目的、对武力的使用,以及联合国会员国的参与等方面,与集体安全机制的界限已经不再泾渭分明,但维持和平行动与集体安全机制在法律性质上的差异仍然是十分显著的。具体而言,《联合国宪章》第四十一条和第四十二条规定的集体安全措施具有强制性

---

① "Certain Expenses of the United Nations", The International Court of Justice, Oral Statements, CR 1962/26, p. 401. 资料来源:http://www.icj-cij.org/docket/files/49/9321.pdf. (访问时间:2017年3月10日)

② See Louis B. Sohn, "The Authority of the United Nations to Establish and Maintain a Permanent United Nations Force", American Journal of International Law, Vol. 52, No. 2, 1958, p. 230.

③ See G. Schwarzenberger, "Legal Problems of a United Nations Force", International Law Association Reports of Conferences, Vol. 49, 1960, p. 137.

这一根本属性；与之相对地，维持和平行动则具有非强制性的法律性质，主要表现为其须以相关各方的同意作为实施的前提，以及不得以强制性措施迫使冲突当事方接受冲突解决的结果等。[1] 由此，诚如有学者指出的，依据《宪章》第四十一条和第四十二条的规定采取的强制性的集体安全措施，与应一国请求而在该国领土上为恢复或者维持和平所采取的非强制性的维持和平行动是有着根本不同的。[2] 是故，由于维持和平行动与无论是非武力的还是武力的强制性措施均不等同，将适用于上述强制性的集体安全措施的《联合国宪章》第四十一条、第四十二条规定作为维持和平行动的法律依据的观点并不恰当。

三、构成维持和平行动法律依据的法律规范

如前所述，联合国享有实施维持和平行动的"隐含的权力"这一法理基础，阐明了在缺乏《联合国宪章》等国际法律文件明文规定的情况下，维持和平行动仍然得以具有国际法上的合法性的原因。而在此基础上，维持和平行动的法律依据实际上即是以法律规范的形式，将维持和平行动的上述法理基础即其合法性来源直观地反映出来，包括能够适当地体现其法理基础的已有的法律规范，以及因实施维持和平行动的需要而根据其法理基础做出的新的法律规范。

---

[1] 参见黄惠康："联合国维持和平部队的若干法律问题"，《法学评论》1986年第3期，第13页。

[2] See E. M. Miller, "Legal Aspects of the United Nations Action in the Congo", *American Journal of International Law*, Vol. 55, No. 1, 1961, p. 8.

至于构成维持和平行动法律依据的具体法律规范,有学者认为其至少应当包括国际公约,即《联合国宪章》,多边或者双边条约或者协定,国际组织决议,包括区域组织或者区域安排做出的决议,以及国内法等表现形式。① 而在笔者看来,《联合国宪章》中与维持和平行动的实际情况相契合的规定即属于能够适当地体现维持和平行动的法理基础的已有的法律规范,而上述其他表现形式的法律规范则属于因实施维持和平行动的需要而根据其法理基础做出的新的法律规范。

(一)《联合国宪章》中的规定

由于《联合国宪章》作为联合国据以建立的组织约章,不仅规范了联合国的目的、宗旨和职责,同时还是为联合国及其各机构因履行职责而采取的措施、实施的行动提供法律依据的基本法律文件,维持和平行动作为联合国为履行维持国际和平与安全职责而在实践中创设的方法,同样应当以《宪章》中的相关规定作为法律依据;而前文之所以否定了学界中部分肯定维持和平行动具有法律依据的观点所提出的《宪章》中的若干规定作为维持和平行动的法律依据,则是因为上述规定与维持和平行动的实际情况不相适应,而并非《宪章》中的规定本身不得作为维持和平行动的法律依据。在笔者看来,与维持和平行动的实际情况相适应的、能够作为维持和平行动在《宪章》中的法律依据的,应当是《宪章》序言、第一条第一项和第四十条的规定;并且,上述规定作为维持和平行动的法律依据

---

① 参见刘丹:《联合国维和行动的困境及前景》,时事出版社2015年版,第25页;盛红生:《联合国维持和平行动法律问题研究》,时事出版社2006年版,第63—69页。

还应当被划分为不同的层次——《宪章》序言和第一条第一项的规定为一个层次，而《宪章》第四十条的规定则为另一个层次。①

首先，诚如有学者指出的，根据《联合国宪章》序言和第一条第一项将维持国际和平与安全确立为联合国最为重要的目的和宗旨的规定，联合国及其各机构被赋予了超出《宪章》的明文授权之外的"隐含的权力"，得以执行虽并非《宪章》的明文规定所要求的，但却是实现上述目的和宗旨所必须的任务，②而这就使得《宪章》序言和第一条第一项的规定构成了联合国及其各机构得以基于维持国际和平与安全的需要而享有相应的"隐含的权力"的法律依据。

由此，又因为如前所述，维持和平行动在缺乏《联合国宪章》等国际法律文件明文规定的情况下仍然得以具有国际法上的合法性的法理基础，是联合国享有实施维持和平行动的"隐含的权力"，并且，该项"隐含的权力"是"必要的""至关重要的"和"可预见的"，是联合国为履行维持国际和平与安全职责而应当享有的权力。所以维持和平行动即应当被视为联合国根据《宪章》序言和第一条第一项的规定赋予其的"隐含的权力"而在实践中创设的一项旨在维持国际和平与安全的方法，而上述《宪章》中的规定则应当相应地构成联合国基于对所享有的"隐含的权力"的行使而实施的维持和平行动的法律依据。

不过，由于《宪章》序言和第一条第一项并未直接地规定联合国及其各机构得以在明示的集体安全措施与和平方式之外采取其他

---

① 参见杨泽伟、苏彩霞："《联合国宪章》与联合国维持和平行动"，《甘肃政法学院学报》1997年第3期，第72页。
② 参见［奥］阿·菲德罗斯著，李浩培译：《国际法》（下册），商务印书馆1981年版，第603页。

形式的方法以维持国际和平与安全，上述规定作为维持和平行动的法律依据是相对原则性的。

其次，基于对维持和平行动的实践情形，尤其是实施维持和平行动的维和部队的建立程序、职能范围和行为方式的考察，将《联合国宪章》第四十条的规定作为维持和平行动在《宪章》中的法律依据，是符合《宪章》的立法精神的。① 这是因为：根据《宪章》第四十条的规定，② 联合国安理会为防止破坏或者威胁国际和平与安全的情势的恶化，可以在依照《宪章》第三十九条的规定做出建议或者决定采取强制性的集体安全措施之前，促请相关当事国遵行其认为必要的、适宜的"临时办法"；而诚如有学者指出的，在实践中，实施维持和平行动已经成为上述"临时办法"的主要形式，而派遣作为维持和平行动主要类型之一的维和部队以实际地实施维持和平行动，则构成了该"临时办法"的有机组成部分。③

同时，倘若进一步地将维持和平行动的实践情形和基本特征与《宪章》第四十条规定的具体内容进行比照，那么便可以推知维持和平行动与上述规定所称的"临时办法"在实质上是相当接近，甚至完全一致的。④ 具体而言：其一，维持和平行动的目的是维持国际和

---

① See E. M. Miller, "Legal Aspects of the United Nations Action in the Congo", *American Journal of International Law*, Vol. 55, No. 1, 1961, pp. 4 - 6. See also Louis B. Sohn, "The Authority of the United Nations to Establish and Maintain a Permanent United Nations Force", *American Journal of International Law*, Vol. 52, No. 2, 1958, pp. 229 - 230.

② 《联合国宪章》第四十条规定："为防止情势之恶化，安全理事会在依第三十九条规定作成建议或决定办法以前，得促请关系当事国遵行安全理事会所认为必要或合宜之临时办法。此项临时办法并不妨碍关系当事国之权利、要求、或立场。安全理事会对于不遵行此项临时办法之情形，应予适当注意。"

③ 参见梁西著，杨泽伟修订：《梁著国际组织法（第六版）》，武汉大学出版社2011年版，第202—203页。

④ 参见黄惠康："论联合国维持和平部队的法律基础"，《中国法学》1987年第4期，第172页。

平与安全，"临时办法"的目的则是防止破坏或者威胁国际和平与安全的情势的恶化，两者的目的相一致。其二，根据"旧金山制宪会议"对"临时办法"的主要内容和范围所做的列举，"临时办法"应当包括终止战争和武装冲突，将武装部队自特定区域撤离，接受某种形式的国际政治安排，以及终止因敌对而采取报复性措施等；[①]而如前所述，维持和平行动的主要职能包括在冲突区域进行停火观察、开辟隔离区域、恢复社会秩序，以及促成冲突当事方开展停火谈判等。由此，"临时办法"的主要内容和范围与维持和平行动的主要职能是基本重合的。其三，《宪章》第四十条规定的文本所使用的"促请"一词表明，从法律的角度看，"临时办法"是更加倾向于建议性质的，即争端当事国并不负有必须遵行"临时办法"的法律义务，[②]而这则与维持和平行动不得迫使冲突当事方接受冲突解决结果的非强制性的法律性质相当接近。其四，"临时办法"须不得妨碍争端当事国的权利、要求或者立场，而维持和平行动须保持中立和公正，不得对冲突当事方中的任何一方有所倾向或者偏袒，不得介入冲突当事方的内部事务或者冲突当事方之间的利害关系。是故，维持和平行动须符合的中立、公正的要求与"临时办法"须符合的不得损害争端当事国利益的要求在本质上是相同的。

综上所述，维持和平行动应当可以被视为《联合国宪章》第四十条规定所称的"临时办法"，因此，直接地规定联合国安理会得以为防止破坏或者威胁国际和平与安全的情势的恶化，即维持国际和平与安全而采取"临时办法"的上述《宪章》规定，便相应地应当

---

① 参见许光建主编：《联合国宪章诠释》，山西教育出版社1999年版，第296页。
② 此外，根据上述《宪章》规定，联合国安理会对于不予遵行"临时办法"的情形仅须予以适当注意，表明争端当事国并不会因为不予遵行"临时办法"而承受不利的法律后果，从而进一步地证成了"临时办法"对于争端当事国不具有强制性。

构成维持和平行动在《宪章》中的具体化的法律依据。

(二) 其他表现形式的法律规范

截至目前已经付诸实施的71项维持和平行动的实践情形表明,基于所应对和处置的冲突局势的不同,各项维持和平行动在类型、职能和实施方式等方面也存在着较为显著的差异。由此,由于维持和平行动本身即是一项并无定式的、自成一类的法律行为,[①] 据以实施维持和平行动的法律依据相应地也不应当是单一的、固定的,而是应当根据其适用于的维持和平行动的不同而有所不同。是故,除了前述《联合国宪章》序言、第一条第一项和第四十条的规定作为提纲挈领地适用于所有维持和平行动的法律依据之外,针对每一项不同的维持和平行动,还应当有与其类型、职能和实施方式等相适应的其他表现形式的法律规范作为对其法律依据的补充,以满足通过个案方式实施相互之间本就存在差异的维持和平行动的需要。[②] 而如前所述,相对于上述《宪章》中的规定作为在维持和平行动的实践形成之前就业已存在的已有的法律规范,其他表现形式的法律规范则属于因实施维持和平行动的需要而为此做出的新的法律规范,主要包括多边或者双边条约或者协定,国际组织决议包括区域组织或者区域安排做出的决议,以及国内法等。具体而言:

多边或者双边条约或者协定通常为联合国与冲突当事方之间,以及冲突当事方相互之间达成的关于通过实施维持和平行动以终止、

[①] 参见[美]陈世材:《国际组织——联合国体系的研究》,中国友谊出版公司1986年版,第163页。
[②] 参见刘丹:《联合国维持和平行动的困境及前景》,时事出版社2015年版,第27页。

消除冲突的条约或者协定。例如，联合国实施的第一项维持和平行动"联合国停战监督组织（中东）"，即是以以色列分别与埃及、约旦、黎巴嫩和叙利亚四国签订的"停战协定"作为一项重要的法律依据的——根据上述协定，"联合国停战监督组织（中东）"具备了监督、协助"停战协定"的签字国遵守和执行该协定的职能。① 又如，在实施 1956 年"联合国第一期紧急部队（中东）"的初期，时任联合国秘书长的哈马舍尔德曾先后于 1956 年 11 月 20 日和 1957 年 2 月 8 日，与埃及政府交换了《关于联合国紧急部队驻扎埃及及其基本职能的备忘录》，并与埃及外长通过书信方式缔结了《关于联合国紧急部队地位的协定》，以此作为实施上述维持和平行动的法律依据。②

国际组织决议，尤其是联合国安理会和大会的决议是据以实施维持和平行动的最为直接和主要的法律依据——截至目前已经付诸实施的 71 项维持和平行动均是由联合国安理会或者大会通过决议决定实施的。并且，除了决定实施维持和平行动的决议之外，联合国安理会或者大会还将根据维持和平行动实际的进展情况，做出对其进行调整、补充和修正的决议，共同构成据以实施维持和平行动的法律依据。③ 此外，区域组织或者区域安排做出的决议在一定情况下也得以作为维持和平行动的法律依据。例如，1993 年 8 月 4 日，卢

---

① 资料来源：http：//www.un.org/zh/peacekeeping/missions/untso/background.shtml。（访问时间：2017 年 3 月 10 日）

② 资料来源：http：//www.un.org/zh/peacekeeping/missions/past/unef1/。（访问时间：2017 年 3 月 10 日）

③ 例如，在"联合国停战监督组织（中东）"的实施过程中，联合国安理会除了做出决定实施该维持和平行动的第 S/RES/50（1948）号决议之外，还做出了第 S/RES/54（1948）号、第 S/RES/73（1949）号、第 S/RES/101（1953）号、第 S/RES/114（1956）号、第 S/RES/236（1967）号、第 S/RES/339（1973）号决议，对上述维持和平行动进行调整、补充和修正。

旺达内战的交战双方达成了一份"和平协定",并且请求联合国和非洲统一组织(即非洲联盟的前身)合作派出维和部队,以促成双方遵守和执行该协定。由此,联合国安理会应上述请求而于1993年10月5日做出的决定实施"联合国卢旺达援助团"的第872(1993)号决议,与非洲统一组织于此前缔结的《阿鲁沙和平协定》,共同构成了该维持和平行动的法律依据。①

国内法作为据以实施维持和平行动的法律依据的情况较为特殊,并且此处所称的"国内法"通常并非一般意义上的一国国内立法,而是处于冲突状态中的一国的权力机关为赋予维持和平行动以必要的权力而做出的授权。例如,根据联合国安理会常任理事国达成的《全面政治解决柬埔寨冲突框架文件》和联合国安理会常任理事国与其他19个国家在巴黎会议达成的《全面政治解决柬埔寨冲突协定》,柬埔寨国内的冲突各方一致同意建立"柬埔寨全国最高委员会"作为代表柬埔寨的唯一合法的权力机关。而为了保障上述《协定》能够得到充分的遵守和执行,该委员会赋予了于1992年3月15日开始实施的"联合国过渡时期权力机构(柬埔寨)"以相当广泛的权力,包括保护人权,组织自由且公正的选举,进行军事安排和民政管理,维持法治和社会秩序,安置难民和流离失所者,以及恢复基础设施等。② 由此,诚如有学者指出的,虽然上述维持和平行动是根据联合国安理会第745(1992)号决议被付诸实施的,但是其得以行使的权力却是来源于"柬埔寨全国最高委员会"的授权。③ 是故,

---

① 资料来源:http://www.un.org/zh/sc/documents/resolutions/93/s872.htm。(访问时间:2017年3月10日)

② 资料来源:http://www.un.org/zh/peacekeeping/missions/past/untac/。(访问时间:2017年3月10日)

③ 参见盛红生:《联合国维持和平行动法律问题研究》,时事出版社2006年版,第67—68页。

对于该维持和平行动而言，冲突当事国国内权力机关的授权构成了其据以实施的主要法律依据。

  总之，旨在为遭受冲突的国家创造实现长久和平的条件的联合国维持和平行动，是联合国为维持国际和平与安全而在实践中特别创设的，是迄今为止联合国为帮助相关国家克服艰难险阻、从冲突恢复至和平所采取的最为有效的方法之一。而明确维持和平行动的法理基础和法律依据，则是为了保障维持和平行动在国际法上的合法性，从而使其在发挥维持国际和平与安全的作用的同时，也能够与国际法治的要求相适应。

联合国难民保护机制的历史及演变

尉艳华[*]

一、联合国难民保护机制的建立

难民问题自古有之。从犹太人的大流散到17世纪英国清教徒逃往新大陆,[①] 几乎每一次重大危机都会造成或大或小的难民问题。但是,难民问题成为国际社会所关注和致力于解决的问题,乃是一战以后才形成的。

一战后,由于各国重新划分领土,欧洲版图发生变化;少数民族被视为社会稳定的威胁,成为新建立国家的眼中钉;俄国爆发十月革命等原因,大量难民涌入西欧,造成浩浩荡荡的难民潮,仅在1917年至1921年期间,就有超过一百万人逃离俄国。[②] 而各国政府为了维护本国的社会安定,大力驱逐难民,无数难民无处安身,国

---

[*] 尉艳华,南京大学国际关系研究院国际关系专业硕士研究生。
[①] 李少军:"论难民问题",《世界经济与政治》1997年第6期,第20页。
[②] Danièle Joly and Clive Nettleton, *Refugees in Europe*, Nottingham: Russell Press Ltd., 1990, p. 6.

际社会开始面临严重的难民问题。1921年，在以"国际红十字会"为首的人道主义组织的呼吁下，国际联盟创立了一个处理难民问题的职务——难民事务高级专员，由挪威人南森（Fridtjof Nansen）担任，这是国际社会致力于解决难民问题的第一个行动。1930年南森逝世后，国际联盟成立了"国际南森难民署（Nansen International Office for Refugees）"，作为国际联盟领导下的自治机构，专门从事人道主义救助。国际社会开始逐渐承担起保护难民的责任。

二战结束后，由于战争、领土变化等原因，三千万人背井离乡，流离失所。[1] 因此，1944年，同盟国成立了联合国善后救济总署（United Nations Relief and Reconstruction Agency），旨在为盟军所解放地区的战争受害者提供救济，甚至扩大到将战争难民遣送回国。联合国善后救济总署计划于1946年12月31日终止其使命。1946年2月，联合国大会又成立了另一个非永久性的组织，即国际难民组织（International Refugee Organization），以解决难民问题。国际难民组织共安置了超过100万的被迫流离者和难民，还遣返了73000多人。[2] 1950年，由于当时欧洲仍有125万人流离失所，[3] 在国际难民组织到期后，联合国又成立了一个负责难民问题的新机构：联合国难民署（United Nations HighCommissioner for Refugees）。这一机构本来只是为期3年的临时性机构，但是由于难民问题的持续存在，该机构一直保留至今，成为联合国系统内开展人道主义救援活动最活跃的机构之一。作为保护难民最主要的国际机构，联合国难民署的主要

---

[1] Kushner Tony and Katharine Knox, *Refugees in an Age of Genocide*, London: Frank Cass, 1999, p. 10.

[2] Kushner Tony and Katharine Knox, *Refugees in an Age of Genocide*, London: Frank Cass, 1999, p. 12.

[3] PirkkoKourula, *Broadening the Edges: Refugee Definition and International Protection Revisited*. Hague: Martinus Nijhoff Publishers, 1997, p. 172.

职能有两点：第一是为难民提供国际保护，即提供最基本的食物、医疗以及免受迫害的条件等；第二是与各国政府、非政府组织以及其他国际组织进行合作，为难民问题寻求永久性的解决办法，使难民不再成为难民。

二、联合国难民保护机制的演变

根据工作内容、范围以及影响力的不同，联合国难民保护机制的演变共经历了三个重要阶段。

第一个阶段是战后初期至20世纪50年代。该阶段的联合国难民保护机制有两个特点：第一，随着冷战的展开，联合国难民保护机制逐渐成为东西方斗争的场所和工具；第二，在该阶段，联合国难民保护机制只是临时性的，以解决战后来自苏联、东欧和其他欧洲国家的难民问题，并未形成常规性的国际机制。

二战结束后，苏联和美国分歧加大，逐渐从战时的盟友转为针锋相对的敌人。二者在对待难民问题上的矛盾也愈演愈烈，联合国难民保护机制成为东西方斗争的场所和工具。1944年成立的联合国善后救济总署的主要工作是将难民遣送回国，但是大约有100万苏联难民由于种种原因，拒绝被遣送回国。美国认为，将难民遣返会增强苏联对东欧的控制，因而主张遵从难民的个人意愿，对不愿遣返的难民进行重新安置。而苏联却认为这些逃离苏联的难民是"叛徒"，[1]

---

[1] Howard Adelman and Elazar Barkan, *No Return, No Refuge: Rites and Rights in Minority Repatriation*, New York: Columbia University Press, 2011, p.60.

反对将这些难民滞留在苏联之外，主张将其遣返回国。

于是，东西方就遣送回国和重新安置这两种处理方式展开了激烈的争论。当时，联合国善后救济总署的资金来源中有70%是由美国进行资助的，但是由于其工作重点是将难民遣送回国，在善后救济总署到期后，美国不愿再对其进行资金支持，也不愿将其继续延续下去，而是转而主张建立另外一个工作重点完全不同的难民保护组织，即国际难民组织。

国际难民组织的工作内容与联合国善后救济总署相差无几，但是工作重点却转向了对难民进行重新安置。该组织明确规定不应强制对难民进行遣返。国际难民组织的难民安置协议引起了苏联的抗议，苏联认为，将难民进行重新安置的实质是夺取苏联的劳动力，并为对国际和平有威胁的叛乱组织提供庇护之地。苏联认为："国际难民组织有组织地违反了联合国大会决议第八条第一项关于流离失所者遣送回国的规定，尽一切可能地阻碍遣送回国政策，实际上质变为招募难民和流离失所者的机构。显然，英国、法国及国际难民组织对于各种已通过的有关流离失所者决议和协议未能执行负有不可推卸的责任。"苏联认为："解决难民和流离失所者问题的唯一正确方案是联合国成员国——首先是美国、英国和法国政府——无条件地执行联合国大会有关遣送流离所者回其原属国的决议，并执行关于这一问题的其他现有协议。"① 也就是说，苏联坚持将难民遣返回国，但是西方国家却拒绝采纳苏联的建议，这使得苏联停止了一切难民救助工作。1950年联合国难民署成立后，该机构同样规定：如若遣返会使得难民面临迫害或迫害的威胁，则不应将其进行遣返。

---

① Salomon Kim, *Refugees in the Cold War: Towards a New International Refugee Regime in the Early Postwar Era*, Lund: Lund University Press, 1991, p. 40.

苏联及东欧国家因而将联合国难民署看做是西方的政治工具，拒绝加入该组织。而且，不可否认的是，将苏联难民进行重新安置的确在很大程度上丰富了西欧等国的劳动力，为西欧等国的战后重建和经济发展提供了必不可少的推动力。

1951年7月，26个国家在日内瓦召开各国全权代表会议，签订了《关于难民地位的公约》。根据该公约第一条第二项第一款，难民的定义是："由于1951年1月1日以前发生的事情，并因有正当理由畏惧由于种族、宗教、国籍、属于某一社会团体或具有某种政治见解的原因留在其本国之外，并且由于此项畏惧而不能或不愿受该国保护的人；或者不具有国籍并由于上述事情留在他以前经常居住国家以外而现在不能或者由于上述畏惧不愿返回该国的人。"从该定义中我们可以得知，该公约所指的"难民"只是指1951年之前，因种族、宗教、国籍、政治偏见等因素受到迫害而逃离本国、需要寻求国际保护的人。与后来的"难民"定义相比，该公约中所规定的"难民"涵盖范围较小，其目的只是为了解决战后来自苏联、东欧和其他欧洲国家的难民问题，具有临时性质，并没有对未来的责任与义务予以规定。

第二个阶段是20世纪50年代至冷战结束之前。在该阶段中，一方面，苏联完全退出联合国难民保护机制，身为参与主体的西方国家将联合国难民保护机制看做是遏制苏联的有效武器；另一方面，联合国难民保护的范围扩大，数量增多，保护重点从欧洲转向了亚、非、拉美等地。

自20世纪50年代起，民族解放运动席卷亚洲和非洲，逐渐达到了新的高潮。同时，由于美苏冷战，在世界各地抢占势力范围，大打代理人战争，新的难民群体出现，难民问题波及世界各地。例如，20世纪60年代初期的阿尔及利亚独立战争造成120万难民流离

· 35 ·

失所，逃往摩洛哥和突尼斯等国；越南战争造成270万难民无家可归；孟加拉国独立战争造成一千万难民逃往印度。

1956年，苏联出兵匈牙利，造成20万人逃往奥地利和南斯拉夫。由于《关于难民地位的公约》中规定了时间限制为"1951年1月1日之前"，那么按照该公约的解释，这20万逃往奥地利和南斯拉夫的人是不属于难民范畴的。但是，联合国难民署却对此进行重新解释，认为此次匈牙利事件是1949年匈牙利建立共产主义制度所导致的结果，因此从这个角度来说，此次事件所造成的难民属于公约中所规定的难民范畴。根据该解释，联合国难民署不顾苏联的强烈反对，在尚未得到联合国授权之时，便对匈牙利难民进行了大规模的救助活动。在不到两年的时间里，将近有20万匈牙利人被重新安置在英国、法国、西德等国家。这一方面体现了联合国难民署高效的行动力；但另一方面也反映了西方集团借助联合国难民保护机制，对其进行重新解释，以达到遏制、打压苏联的政治目的。①

联合国难民保护机制迈出欧洲的第一步便是援助阿尔及利亚战争所造成的难民潮。1958年，阿尔及利亚爆发独立战争，反对法国的殖民统治此次战争造成120万难民无家可归。但是，由于《关于难民地位的公约》中所规定的难民定义具有时间和地域两大限制性规定，这些人虽然符合难民定义的特征，但却无法获得国际保护。1958年12月5日，联合国大会通过1286（Ⅷ）号决议，要求联合国难民署利用"调停办公室"（Good Office）为突尼斯和摩洛哥的难

---

① 甘开鹏："二战后国际难民政策的历史演变"，《海南师范大学学报》2010年第5期，第136页。

民提供最基本的食物、医疗等物资。①"调停办公室"主要是为了帮助联合国难民署管辖权之外的难民,对难民不承担任何保护义务,完全是出于一种严格意义上的自愿性质的人道主义援助。② 因此,在该时期,联合国难民保护机制并没有发挥真正的主导性作用,而是主要协助国际红十字会进行援救行动。1959年至1962年期间,联合国难民署每年筹集两百万美元用于援助行动。此外,1959年9月,联合国难民署还派遣代表与突尼斯、摩洛哥政府进行合作,为难民提供援助。在阿尔及利亚自决投票前夕,有超过73万难民被遣送回国。

从20世纪60年代起,独立之后的刚果、卢旺达、布隆迪等地相继爆发大规模屠杀和暴力,安哥拉、莫桑比克、几内亚比绍等葡萄牙殖民地造成大量难民,南非共和国、西南非、罗德西亚的难民也纷纷涌现。到1965年时,非洲的难民数量达到85万人。③ 此时的难民规模、特点和需求都远远不同于以往的欧洲难民潮。1951年《关于难民地位的公约》中的规定成为联合国难民保护机制在非洲实行的最大障碍,在此情况下,如何重新定义"难民"的问题又被提上了日程。1967年,有关各方签订了《关于难民地位的议定书》,删除了《关于难民地位的公约》中规定的"1951年1月1日之前"的时间限制和仅限于欧洲的地域限制。

---

① Mark Cutts, Office of the United Nations High Commissioner for Refugees, *The State of the World's Refugees, 2000: Fifty Years of Humanitarian Action*, Oxford: Oxford University Press, 2000, p.41.

② 甘开鹏:"二战后国际难民政策的历史演变",《海南师范大学学报》2010年第5期,第136页。

③ Mark Cutts and Office of the United Nations High Commissioner for Refugees, *The State of the World's Refugees, 2000: Fifty Years of Humanitarian Action*, Oxford: Oxford University Press, p.52.

在整个20世纪60年代，由于非洲的民族解放运动此起彼伏，难民数量颇为巨大。到1969年，联合国难民署基金中的2/3都用于非洲国家的难民救助活动。从70年代到80年代，由于孟加拉国独立战争、老挝内战的结束、苏联入侵阿富汗、缅甸驱逐罗兴亚人、柬埔寨内战、两伊战争等事件，联合国难民署的活动主要集中在亚洲。

第三个阶段是冷战结束后至今。由于苏联解体，东欧剧变，冷战结束，原苏联国家和东欧国家开始加入到保护难民的努力中。同时，原本潜藏的民族和领土争端相继爆发，车臣战争、克罗地亚战争、塔吉克斯坦内战、波黑战争、科索沃战争等冲突和矛盾此起彼伏，难民人数大量增加。1974年，联合国难民署所负责的难民有240万人；1984年，这个数字上升至1050万人；1996年，再次上升至2700万人。① 芳拉·巴内特（Laura Barnett）对于该时期的特点做出了较为完整的分析，为有关研究的深入奠定了有益的学术基础。他认为，该阶段中，联合国难民保护机制发生了三个重大的转变。②

第一，联合国难民保护机制的重心逐渐从国际难民保护转向了人道主义救援行动。联合国难民署不再仅仅是被动地在难民潮发生之后，为难民提供最基本的生活物资，将安置难民看做是问题的最终解决，而是更加主动地去预防难民潮的发生。如今的联合国难民

---

① Laura Barnett, "Global governance and the evolution of the international refugee regime", 联合国难民署, available at: http://www.unhcr.org/research/working/3c7529495/global-governance-evolution-international-refugee-regime-laura-barnett.html, Aug. 20, 2016, p. 10。

② Laura Barnett, "Global governance and the evolution of the international refugee regime", 联合国难民署, available at: http://www.unhcr.org/research/working/3c7529495/global-governance-evolution-international-refugee-regime-laura-barnett.html, Aug. 20, 2016, pp. 12 – 13。

署已经成为广泛意义上的"人道主义救援机构",[1] 致力于建立公民社会,进行民主治理,预防冲突的发生。

第二,在实际操作中,联合国难民保护机制中的"难民"定义已经大大扩展。虽然联合国难民署仍然遵从1951年公约和1967年议定书中所规定的难民的定义,但是该定义过于模糊,无法适应当今社会出现的许多难民类型。因此,在实际操作中,联合国难民署主要依据实际情况来决定是否进行援助,其援助对象涉及到国内流离失所者(IDP, Internally Displaced Persons)、寻求庇护者、无国籍人士、有流离失所危险的人等等。其中,最值得一提的是流离失所者问题。流离失所者指的是没有跨越国界的,但通常被认为是难民的人。流离失所者问题与主权问题紧密相连,因为从通常意义上来说,在一国领土之内保护自己的国家公民是属于国家的责任,国外势力不得对其进行干预。如今,联合国难民署可以在联合国大会或安理会的授权之下,发挥"调停办公室"的职能,援助以往不属于其职责之内的流离失所者。

第三,联合国难民保护机制不仅仅局限于由联合国难民署以及联合国难民救济及工程局等部门向难民提供保护,而且会通过安理会的行动来保护难民。在当今世界,联合国越来越关注人权,将人类的安全作为其使命之一,而难民问题又是威胁到国际和平与安全的事件,因此联合国高度重视难民问题,有时甚至会通过安理会的行动来解决难民问题。例如,1991年,伊拉克将180万库尔德人驱逐出境后,联合国的688号决议就号召通过联合国的多边行动解决

---

[1] Jeff Crisp, "Mind the Gap! UNHCR, humanitarian assistance and the development process",联合国难民署, available at: http://www.unhcr.org/research/working/3b309dd07/mind-gap-unhcr-humanitarian-assistance-development-process-jeff-crisp.html, Aug. 20, 2016. p. 7。

该问题。这是联合国安理会首次进行人道主义干涉。虽然安理会内部各国之间拥有不同的国家利益,但安理会还是投票通过了数次人道主义干涉,如1992—1993年的索马里、1993年的波黑等等。

三、联合国难民保护机制所面临的问题与挑战

在过去的半个多世纪中,联合国难民保护机制从建立之初,不断完善发展,致力于全世界难民的保护,取得了举世瞩目的成就。但是,联合国难民保护机制仍然面临着巨大的问题与挑战。

首先,在联合国高度重视难民问题,难民保护机制不断完善的同时,各国的难民政策却在逐步缩紧。在二战结束之初,遭受巨大损失的各国急需补充劳动力,恢复经济,因此对难民采取较为宽松的政策。然而,随着人口的爆炸型增长、经济发展缓慢,各国出于对社会安全与稳定的担心,不愿接纳难民。一方面,各国接纳的难民数量不断下降。例如,1983年,西欧接纳了42%的申请者,而到1996年时,这个数字下降到了16%。[①] 另一方面,各国所建立的国际移民和国内流离失所者机制也对难民问题的解决产生了不利影响。例如,1951年联合国公约中规定,一旦难民抵达某国领土,则该国需对难民承担保护责任。而德国、英国、美国、澳大利亚等国都加

---

① Laura Barnett, "Global governance and the evolution of the international refugee regime", 联合国难民署, available at: http://www.unhcr.org/research/working/3c7529495/global-governance-evolution-international-refugee-regime-laura-barnett.html, Aug. 20, 2016, p. 13.

入了"移民、庇护和难民政府间磋商（Intergovernmental Consultations on Migration, Asylum and Refugees）"论坛。该论坛曾提出进行离岸处理庇护请求的做法，成功规避了联合国公约所规定的保护义务。[①] 同时，这种做法也使得各国热衷于通过非正式论坛来进行磋商，因而联合国难民署具有被边缘化的趋向。

其次，如何平衡联合国难民保护机制与国家主权之间的矛盾是联合国必须面对的问题之一。保护国民是国家的责任，难民所在国对本国流离失所者负有保护、救助的义务与责任。但是，当本国内出现种族灭绝、战争屠杀等危害人类的问题时，国际社会就应该履行"保护的责任"，难民所在国则会担心国外势力借机干涉本国内政而予以拒绝。例如，2010年6月，利比亚当局下令联合国难民署在利比亚分支机构停止工作并离开该国，导致数千名已经身处利比亚的难民得不到有效保护。[②]

最后，联合国难民保护机制是人道性与政治性的复杂结合体。各国在面对难民问题时，会根据自己的政治需要对公约予以解释。各国的难民政策也包含着强烈的选择因素，其中不乏打着人道主义干涉的幌子为自己谋利的国家。例如，1991年美国出兵海地、在伊拉克设立禁飞区，1999年北约空袭南联盟，都是以制止难民潮和民族迫害为理由的，而这其中却夹杂了西方的政治利益。这也是难民所在国担心国外势力干涉本国内政的缘由。如何尽可能公正地解决难民问题，是联合国难民保护机制所面临的永恒的问题。

总之，自二战后成立以来，联合国难民保护机制为保护难民做

---

① Alexander Betts, "Institutional Proliferation and the Global Refugee Regime", *Perspectives on Politics*, Vol. 7, No. 1, 2009, pp. 53 – 58.
② 王海滨："国际难民现状与难民机制建设"，《教学与研究》2011年第6期，第3页。

出了巨大的努力,但是由于联合国难民保护机制内在的矛盾与不足,保护难民仍然道阻且长。难民问题仅仅依靠联合国的难民保护机制是无法在根本上进行解决的,世界各国应该继续加强合作,遵守联合国公约,积极承担援助难民的责任和义务,携手共进,才能真正地解决难民问题。

金砖国家与联合国安理会改革

朱天祥* 李文倩**

一、联合国安理会改革的背景

联合国是当今世界最具普遍性、权威性和代表性的政府间国际组织。自其成立之日起，就一直遵循"维持国际和平及安全""发展国际间以尊重人民平等权利及自决原则为根据之友好关系"，以及"促成国际合作，以解决国际间属于经济、社会、文化及人类福利性质之国际问题"的宗旨，[①] 在维护国际和平与安全、保护人权、提供人道主义援助、促进可持续发展、维护国际法等方面做出了重大贡献。然而，联合国毕竟是第二次世界大战结束后基于当时的国际形势与国际格局所创设的国际组织，其某些特定的机制设计也主要

---

* 朱天祥，博士，副教授，四川外国语大学联合国与可持续发展问题研究中心执行主任。

** 李文倩，四川外国语大学比较制度学专业硕士研究生。

① 参见《联合国宪章》，http://www.un.org/zh/sections/un-charter/chapter-i/index.html。

反映了部分大国的利益与诉求。因此，冷战结束后尤其是进入21世纪以来，随着政治多极化与经济全球化的深入发展，和平与发展问题出现了新的变化趋势，进而也对以联合国为核心的国际多边机构提出了新的挑战。正如前联合国秘书长科菲·安南（Kofi Annan）所言："人们希望联合国进行有史以来意义最深远的改革，以便它有能力和资源协助推进21世纪的议程"，而"我们必须以崭新的思路和前所未有的胆略和速度，重新塑造联合国"。①

事实上，有关联合国改革的呼吁并非只是近期的事情。早在1956年召开的第11届联大会议上，部分拉美国家就曾提议要求增加安理会非常任理事国的数量。此后，非洲和东欧国家也陆续表达过关于安理会改革的意见。1997年安南就任联合国秘书长后，提出了"振兴联合国"的改革计划，主张对联合国的多个机构进行大刀阔斧的改革，并专门将2004年定为"联合国改革年"，同时任命了一个由16人组成的名人小组为改革出谋划策。2005年3月21日，安南向第59届联大正式提交了题为《大自由：实现人人共享的发展、安全和人权》的报告。该报告提到，"所有国家决心加紧努力，全面改革安全理事会的所有方面"，并指出"安理会的成员组成必须改变，使它更广泛地代表整个国际社会，并反映当今地缘政治的现实，使之在世人的眼里更具合法性"。与此同时，"安理会的工作方法也需要改革，使它更有效率，更有透明度"。另外，安理会还"要在需要采取行动的时候更有能力，也更愿意采取行动"。② 由于安理会"负有维持国际和平与安全的主要责任"，"不仅对联合国而

---

① 参见"大自由：实现人人共享的发展、安全和人权"，http://www.un.org/chinese/largerfreedom/part5.htm。

② 参见"大自由：实现人人共享的发展、安全和人权"，http://www.un.org/chinese/largerfreedom/part5.htm。

且对全世界都至关重要",因而在安南看来,"不改革安全理事会,联合国的任何改革都不会彻底"。① 这也使得安理会的改革成为各方关注的焦点。

总的来讲,联合国安理会的改革主要基于以下三方面的原因:第一,安理会的组织架构缺乏当下的代表性。随着新兴经济体与发展中国家的群体性崛起,它们在国际和地区事务中的影响力日益增强,要求在以联合国为核心的多边机构中具有更大发言权的呼声也越来越高。而作为联合国核心机构的安理会,尤其是其常任理事国配置仍旧维持联合国创立之初的权力态势,这显然与当前的国际格局不尽一致,也难以回应和满足部分发达国家和新兴经济体的强烈关切。第二,安理会的运作机制存在相当普遍的问题,诸如机构程序复杂、行动效率低下、缺乏有效监管等,特别是某些大国肆意动用否决权已经危及到安理会系统的稳定运行。② 此外,近年来恐怖主义、大规模杀伤性武器扩散、跨国有组织犯罪、海盗等非传统安全威胁层出不穷,而长于应对国家间军事冲突的安理会则对此显得有些措手不及。第三,安理会的权威受到单边主义的重大冲击。安理会改革的一个重大背景即是2003年美英等国以拥有大规模杀伤性武器为由对伊拉克萨达姆政权发动的军事打击。这是一次未经安理会授权而对一个主权国家动用武力的典型事件,也是继1999年以美国为首的北约绕开联合国安理会自行发动针对南联盟空袭行动的又一次公然违背《联合国宪章》和国际法基本准则的强权行径。这些事件引发了关于联合国是否仍然有效的争论,也将负责国际和平与安

---

① 参见"大自由:实现人人共享的发展、安全和人权",http://www.un.org/chinese/largerfreedom/part5.htm。
② 参见李涛:《新世纪联合国安理会改革探析》,新疆大学博士论文,2009年。

全事务的安理会推到了风口浪尖。

　　实际上,安理会的改革主要涉及三大问题,即代表性问题、否决权问题、工作方法问题。首先,尽管各国都同意扩大安理会的规模,但在扩大对象、扩员数量、席位分配等问题上还存在较大分歧。① 比如,第51届联大主席拉扎利建议增加5个常任理事国,包括两个发达国家,亚非拉各一个国家,以及4个非常任理事国,即亚、非、拉、东欧地区各占一席。以美国为首的西方发达国家提出"20—21国方案",认为应当增加5—6个不具有否决权的常任理事国,且其中两个必须来自经济发达的国家,即日本和德国。而诸如中国、印度、巴西以及来自非洲的发展中国家则认为应当扩大发展中国家在安理会中的比例,改变发展中国家发言权不充分、地域分配不合理的现状,使广大的发展中国家能够真正参与到决策中来。

　　其次,安理会的否决权是改革的重点与难点。根据《联合国宪章》的规定:"安理会对于其他一切事项之决议,应以9理事国之可决票包括全体常任理事国之同意表决之。"② 这意味着如果没有全部常任理事国的一致同意,也就不会存在安理会的所谓决议,安理会也就失去了维护国际和平与安全的具体行动依据。这也使得否决权成为安理会常任理事国的一种特权。事实上,这种特权早在联合国成立之初就已遭到其他会员国的质疑和反对。它们普遍认为安理会否决权制度模糊,容易为大国滥用谋私,阻碍了安理会发挥其应有

---

① 李东燕:"对安理会改革及其方案的比较分析",《世界经济与政治》2001年第11期,第36页。

② 参见《联合国宪章》,http://www.un.org/zh/sections/un-charter/chapter-i/index.html。

的作用,建议应取消或限制否决权的使用。① 而现如今,在联合国全面改革的大背景下,否决权问题再次成为各方博弈的重中之重。归纳起来讲,各方的改革立场主要有三点:第一,"五常"拥有的否决权违背宪章规定的各主权国家平等这一原则,与民主化背道而驰,应该予以取消;第二,否决权机制的存在是对国际规则的不尊重,但鉴于"五常"坚决反对取消否决权,要设法限制否决权的使用;第三,不管现有"五常"国家的否决权问题是否能够解决,新增常任理事国绝不能享有否决权。②

最后,一些会员国认为安理会的"非正式磋商"不利于其他会员国充分参与决策,且缺乏有效的监督管理机制,容易造成腐败滋生,其透明度和民主化程度都有待提高,并建议通过增加地域代表性的方法对此加以应对和解决。③ 与此同时,安理会还被指存在机构程序复杂、效率低下等系列问题,导致其在处理突发性国际问题时显得反应迟钝,未能优先讨论国际社会普遍关注的重大和实质性问题。因此,建议发挥有影响力的大国或发展中国家的积极作用来解决上述低效率和灵活性问题。④ 另外,某些会员国还提出安理会在执行方面也面临着能力不足的问题,其常因缺乏强制手段而难以真正将行动和措施落到实处,从而在很大程度上影响到了安理会的合法权威。这也使得安理会内部工作方法的改革成为一项重要而紧迫的任务。

---

① 赵晓丹:《联合国安理会改革与中国的回应性战略选择》,吉林大学硕士论文,2006年,第15页。
② 陈向阳:"联合国改革与21世纪国际秩序",《现代国际关系》2005年第9期,第2页。
③ 刘军华:《论联合国安理会改革》,湘潭大学硕士论文,2006年,第37页。
④ 参见李涛:《新世纪联合国安理会改革探析》,新疆大学博士论文,2009年。

二、金砖各国关于安理会改革的立场

金砖五国既是联合国权威的积极维护者，也是联合国改革的坚定支持者。金砖国家领导人在2017年的厦门宣言中再次"重申对联合国的支持"，强调"联合国作为具有普遍代表性的多边组织，肩负维护国际和平与安全，推动全球发展、促进和保护人权的授权"。与此同时，金砖国家领导人也"重申需要对联合国包括其安理会进行全面改革，使之更具代表性、效力和效率，增强发展中国家代表性，以应对全球挑战"。① 总体而言，金砖五国在联合国安理会需要改革这一根本问题上意见并无不同，但在如何改革的操作层面却存在一些相左的看法。相对而言，作为安理会现任的常任理事国，中国与俄罗斯更关注安理会本身的工作方法问题，而巴西、印度和南非则更希望能够通过代表性和否决权的改革成功跻身常任理事国行列。

在代表性问题上，巴西和印度声称应当在安理会中增加大国或有影响力的发展中国家，但同时坚持扩大后的安理会成员总数不超过合理的规模，而这个所谓的"合理"仅仅就是将包括巴西和印度在内的"四国联盟"成员囊括其中，而并非为了实现更大范围的地域性公平。② 南非主张非洲联盟在安理会中应至少拥有两个常任理事国席位，从而达到地域均衡的目的。然而，南非的真正目的则

---

① 《金砖国家领导人厦门宣言》，2017年9月4日，https://www.brics2017.org/hywj/ldrhwwj/201709/t20170904_1905.html。

② 赵华：《论印度争取成为安理会常任理事国问题》，北京语言大学硕士论文，2006年，第9页。

在于借助非盟的整体实力挤入新常任理事国行列，进而再利用其地区大国身份增加自身"入常"的胜算。俄罗斯虽然并不真心地希望安理会扩员，但也提出安理会可在"有限规模"和"广泛一致"的前提下进行扩大，并将扩大后的规模控制在 20 个成员以内。① 在俄罗斯看来，安理会的构成应该尽可能地考虑地区平衡，尤其是那些具有影响力、采取独立外交政策的发展中国家应优先获得席位，并明确支持德国和印度成为新的常任理事国。② 中国提出应增加发展中国家，特别是非洲国家在安理会的代表性和发言权，使广大中小国家有更多机会轮流进入安理会，参与决策并发挥更大作用。③

在否决权问题上，俄罗斯主张维持安理会现有五大常任理事国的既有地位，反对取消或限制"五常"的否决权，同时反对新增常任理事国享有否决权。中国对国际社会关于动用甚至是滥用否决权的担忧表示理解，但认为否决权的设立是为了更好地协调大国立场，防止重大分歧与冲突，所以仍具备一定的合理性。④ 巴西和印度一方面坚持新增常任理事国应当享有否决权，但另一方面为了争取"五常"的支持与肯定，两国又在反对取消或限制"五常"否决权的同时，愿意做出新增常任理事国 15 年内不享有该权力的妥协，从而试

---

① 参见李涛：《新世纪联合国安理会改革探析》，新疆大学博士论文，2009 年。
② "俄罗斯支持印度成为联合国安理会常任理事国"，http://world.huanqiu.com/hot/2015-09/7513748.html。
③ "新型大国关系，打造人类命运共同体"，驻澳大利大使马朝旭在澳大利亚联合国协会 2015 年全国大会上的讲话，2015 年 8 月 21 日，http://www.fmprc.gov.cn/web/wjdt_674879/zwbd_674895/t1290351.shtml。
④ 薛磊："联合国安理会改革：'五常'的否决权或将受限"，2016 年 10 月 2 日，http://news.china.com/internationalgd/10000166/20161002/23696833_all.html。

图采用以退为进的策略换取其最终享有否决权的目标。① 南非则认为"五常"现有的否决权机制有悖于主权平等原则，应当予以逐步取消。但在完全取消否决权之前，新常任理事国也理应享有同等的权力。

在工作方法问题上，中国认为改革的重点应放在精简行政机构、提高管理效率方面，主张采取"自上而下"、有计划的渐进方式来增强安理会的公信力和透明度，从而避免因程序变动造成的不稳定性。俄罗斯主张应公开安理会工作的细节，提高工作透明度，同时支持安理会继续与联大保持定期会晤，并由轮值主席每月向会员汇报工作，以此扩大会员的决策参与度。印度则主张广泛的支持是正确决策有效性的基础，要通过增加大国或有影响力的发展中国家提高安理会的效率，使其行动"具有代表性、合法性和有效性"。② 巴西和南非则赞同安理会通过增加代表性来提高工作透明度的做法，认为这更有利于广大会员国参与到安理会决策中来。

三、金砖国家立场异同的原因及影响

正如《金砖国家领导人厦门宣言》所指出的那样，金砖国家在联合国安理会改革问题上的共同目标在于"使之更具代表性、效力和效率"。而金砖国家之所以能够就此达成共识，是因为一方面金砖

---

① "日德印巴公布入常最终提案 冻结使用否决权15年中国网"，中国日报，2005年6月9日，http://news.163.com/05/0609/07/1LPOT89M0001121Q.html。
② "印度的外交政策——印度外交秘书萨兰在上海国际问题研究所发表的演讲"，《今日印度》2005年第8期，第4页。

国家希望通过增加发展中国家在安理会中的代表性,进一步平衡安理会中发达国家与发展中国家之间的权力对比,从而确保安理会在就国际和平与安全问题进行讨论和做出裁决时能够更好地体现公开、公平、公正的原则,更有力地推动国际关系民主化,更充分地"捍卫国际法基本准则及《联合国宪章》宗旨和原则,包括坚持主权平等、不干涉别国内政"等;[①] 另一方面则是要在国际社会面临新的全球性的安全威胁和挑战,而西方发达国家维稳能力与意愿均有所下降的新形势下,保证安理会持续具备采取相关行动的基础与后劲,从而为安理会履行维护国际和平与安全的重大使命提供新的力量支撑。此外,金砖国家关于提高安理会工作效率的主张,也有利于安理会对各种新威胁和新挑战做出及时的回应,从而为包括金砖国家在内的整个国际社会的可持续发展提供一个稳定的内外环境。

尽管金砖国家共同致力于推动联合国安理会改革,然而金砖各国在具体改革方案与措施问题上却存在着不小的分歧。其中,最核心的问题还是与安理会常任理事国的否决权有关。一方面,对于印度、巴西、南非而言,能否成为安理会新常任理事国固然重要,但常任理事国手中握有的否决权似乎更加重要。从某种意义上讲,常任理事国的身份的确有助于印度、巴西、南非等新兴经济体巩固其在国际体系和地区格局中的大国地位,但唯有获得实质性的否决权才能更好地保障其安全利益和诉求的真正实现。换句话讲,进入安理会常任理事国行列只是解决了印度、巴西、南非等国的"虚权"问题。倘若没有被赋予原来"五常"享有的否决权,三国在安理会中的"实权"就会大打折扣,其"入常"的初衷也就没办法得到完

---

① 《金砖国家领导人厦门宣言》,2017年9月4日,https://www.brics2017.org/hy-wj/ldrhwwj/201709/t20170904_1905.html。

全的实现。这也是巴西和印度宁可延期享有否决权,而南非坚持在完全取消否决权之前应当与"五常"享有同等权力的重要原因。

另一方面,对于中国与俄罗斯而言,常任理事国席位和否决权均属于既得利益。从一般意义上讲,没有哪一个国家愿意同更多的国家分享所谓的特权。因为特权之所以为特权,就在于它的归属和拥有者属于特定少数。一旦这种权力趋于普及化,其重要性和吸引力就会大大缩减。果真如此,否决权问题就根本不会成为新老常任理事国争论的焦点。因此,在申请"入常"的国家是否应当拥有否决权的问题上,无论是中国的慎重态度,还是俄罗斯的坚决立场,都可以看做是一种天然排他性的自然流露。从更具体的角度而言,在印度、巴西、南非成为新常任理事国并握有否决权的情况下,三国是否能够在一些重大问题上与中俄两国始终保持一致尚未可知,加上存在某些成员倒向西方国家的可能性,中俄两国均不愿意在没有十足把握的前提下轻率地承认新成员关于否决权的要求。此外,如果中俄支持印度、巴西和南非的否决权诉求,那么作为对等的交换条件,西方国家也会让日本、德国等同样有"入常"要求的发达国家享有同等的权力。届时,安理会内部的权力对比将发生有利于发达国家的重要变化,中俄两国所面临的竞争与挑战比起之前的"五常"格局也将变得更加激烈。因此,中俄两国在安理会改革涉及否决权的问题上更倾向于维持现状,除非出现新的条件或达成新的妥协。

综上所述,围绕着联合国安理会的改革焦点,一边是积极要求"入常"并掌握否决权的印度、巴西和南非,另一边则是对安理会权力格局与分化组合异常敏感的中国与俄罗斯。这就无形地在双方之间划设了一条利益分割线,使得金砖国家的不同成员组合出现了潜在的对立趋势。而需要特别注意的是,印度、巴西和南非早在2003

年就已经组建了"印度巴西南非对话论坛"(IBSA),且该论坛在国际政治上的"首要目标就是联合国安理会的改革",具体做法就是要将"更多来自亚洲、非洲和拉美地区的发展中国家纳入安理会常任理事国"。①然而,面对印度、巴西和南非持久而迫切的"入常"要求,金砖国家历次领导人宣言也都仅仅使用了"重视其在国际事务中的地位和作用"以及"支持其希望在联合国发挥更大作用的愿望"的表述进行模糊回应。②长此以往,印度、巴西、南非必定质疑金砖国家相互之间的政治互信,进而有损金砖国家开展全方位合作的政治意愿。倘若西方国家再进一步表明对某个或某些金砖国家支持的立场,那么金砖成员之间的凝聚力与向心力就会受到更加严峻的挑战。如果金砖国家不能形成合力,以金砖国家为代表的新兴市场国家和发展中国家推动联合国安理会改革的动力和前景就可能出现变数,从而有可能逆转国际政治新秩序的推进历程,并为发达国家延续其主导的国际政治旧秩序留出了时间和空间。

四、金砖国家合作推进安理会改革的前景

首先必须指出的是,尽管否决权问题是安理会改革的焦点与难点,然而它并不是安理会改革的全部。同理,安理会改革是联合国改革的重中之重,但它毕竟只是联合国改革的一部分。从这个意义

---

① 江天骄:"制衡理论看非正式国际组织在新兴国家市场间的发展",《拉丁美洲研究》2015年第3期,第17页。
② 《金砖国家领导人厦门宣言》,2017年9月4日,https://www.brics2017.org/hywj/ldrhwwj/201709/t20170904_1905.html。

上讲，金砖国家对于包括安理会在内的联合国改革应当奉行一种更加系统化的指导思想。对于金砖国家而言，推动实现联合国全面改革是符合金砖国家以及其他新兴市场国家与发展中国家整体利益的。如果因为某些问题暂时得不到解决而影响整个改革进程的话，那么金砖国家在推动国际政治秩序的大战略和大方向上就会严重受挫，甚至在某些情况下出现回溢趋势。经过过去一段时间的权力博弈，金砖国家应当已经认识到实现上述目标的困难与艰辛，也应当明白所谓新秩序的构建并不能一蹴而就。因此，循序渐进，逐点突破，外围包抄，核心变革或许是一条更加符合实情的道路。为此，在一种宏大的改革视野下，在推动联合国及其安理会进行全面改革的共识基础上，金砖国家可以在政治安全合作的框架内，利用安全事务高级代表会议、外长会晤以及在联合国等多边场合会晤等成熟机制，就联合国安理会改革的具体问题展开积极磋商，甚至可以在金砖国家内部设立专门的"联合国安理会改革事务工作组"，通过吸纳智库的广泛参与，发挥智囊的建言作用，尽可能寻找到金砖国家在安理会核心改革议题上的最大公约数。

当然，求同只是稳定金砖国家合作大局的第一步。要想真正解决问题，还得在存异、化异的问题上逐步迈出实质性步伐。一方面，中俄两国有必要进一步明确对印度、巴西、南非申请成为联合国安理会常任理事国的政治支持。但印度与巴西必须放弃"四国联盟"的打包计划，转而与南非作为金砖成员捆绑"入常"。这样做的原因在于，中国已明确表示除非日本"真正取信于亚洲各国，尤其是取信于周边邻国的人民"，[1] 否则不可能支持一个具有右翼倾向的前战

---

[1] "王毅大使在东京举行记者招待会 阐述中国对日政策"，人民网，2004年10月18日，http://www.people.com.cn/GB/shizheng/1027/2927074.html。

败国成为安理会常任理事国。而当前安倍内阁的所作所为及其中日关系的持续恶化已使得中国在短期内不会改变对日本"入常"的否定态度。与此同时,尽管俄罗斯曾表示可以在"入常"申请上助日本一臂之力,以便换取日本在北方四岛主权争议等方面的让步,然而日本因乌克兰危机追随其他西方国家对俄罗斯进行甚至是追加制裁,则使得俄罗斯对日本的有条件支持也变得前途未卜。有鉴于此,倘若印度与巴西继续坚持"四国联盟",那么中俄不可能单独地支持两国的入常请求。

因此,印度和巴西要想以金砖国家的名义争取中国和俄罗斯的坚定支持,恐怕就不得不放弃与日本和德国的"打包计划",转而与南非结成利益共同体并以新兴经济体和发展中国家代表的身份申请入常。这种利用金砖资格对印度、巴西、南非三国进行重新捆绑的做法,其目的就是要从一开始就明确三国的政治定位,争取三国"入常"后能够在安理会内部与中俄一道塑造金砖立场,发出金砖声音。当然,这种做法必须同时得到美国、英国和法国等其他常任理事国的认可方可奏效。鉴于英法对"四国联盟"的一贯支持,以及美国力挺日本且有意拉拢印度的现状,金砖国家可尝试与西方大国达成某种妥协和共识,通过双方相互承认对方支持对象的"一揽子方案",巧妙地解决双方难以单独承认对方某个特定成员"入常"的困境。这样一来,扩容后的安理会在力量对比上将比过去更加均衡,不仅在一定程度上缓解了西方国家对金砖国家的忧虑,而且为金砖国家解决内部分歧,化解潜在矛盾提供了一个相对可选的方案。

值得注意的是,安理会五大常任理事国在解决上述代表性问题时更多考虑的是相互妥协,但在回应新常任理事国关于否决权的诉求时则具有很大程度的默契。这种默契既源于各自对于特权利益的坚守,也为双方利用对方限制或延缓各自伙伴的权力冲动提供了机会。在此背景下，中俄两国可在不完全否认新常任理事国拥有否决权的同时，向印度、巴西、南非提出暂不享有否决权，但也不为此设置固定时间表的临时方案。然而，为了安抚三国的情绪，中俄有必要寻找一种替代性的补偿机制。就此而言，金砖国家可充分发挥政治安全合作支柱的积极作用，针对国际和平与安全的重大议题，在安理会表决之前，尽可能在金砖国家内部协商一致，提出统一的金砖方案，再由中国和俄罗斯在需要的时候代表金砖国家行使否决权，从而间接地维护和实现印度、巴西和南非三国的安全利益与安全诉求。当然，这并不是要合并中国与俄罗斯的否决权，而是根据实际情况和具体的利益诉求，分别由中国和俄罗斯单独行使他们各自的否决权。唯一不同的是，对于否决权的行使可能不再仅仅是两国各自利益的分别体现，而是金砖国家基于协商一致的整体利益的集中呈现。

最后需要说明的是，联合国安理会改革确是一项非常复杂的系统工程。其复杂性就在于如何在现有的常任理事国之间以及"五常"与新增常任理事国之间实现权力均衡与利益均沾。从联合国的角度来看，金砖国家实乃当今国际社会一支足以撬动西方发达国家主导体系和秩序的新兴力量，其背靠的更大范围的新兴市场国家和发展中国家更是必须争取和依靠的改革基础。这为金砖国家深度参与国际事务，积极应对全球挑战提供了难得的机遇。但对于金砖国家而言，要想真正推动联合国安理会改革，就必须一方面处理好金砖国家内部的利益分化与立场分歧，另一方面则要与发达国家集团展开一系列的非零和博弈。在此过程中，金砖国家还要面临内部离异与外部分化的双重考验。而这也将成为考验金砖国家合作是否具备稳定政治基础的一块试金石。

巴西落实联合国 2030 年可持续发展议程的行动、成就与挑战[*]

谌华侨[**]

巴西作为西半球最大的发展中国,在落实联合国 2030 可持续发展议程方面作用显著,巴西落实相关发展议程的举措对于新兴经济体乃至发展中国家具有重要的示范意义。在此过程中,巴西已将 2030 年可持续发展议程与本国发展规划有机结合起来,为可持续发展议程的顺利推进进行了总体路径安排,为其他国家落实相关议程提供了范例。

本文立足于巴西落实联合国 2030 可持续发展议程的行动,梳理落实可持续发展议程所取得的成就,客观分析其面临的严峻挑战,希冀为中国及其他发展中国落实 2030 年可持续发展议程提供经验借鉴。

---

[*] 本文是四川外国语大学科研项目"中国政府在拉美资源开发型投资中的作用研究"(项目编号:sisu201313)的阶段性研究成果。

[**] 谌华侨,博士,四川外国语大学国际关系学院副教授。

一、巴西落实联合国 2030 年可持续发展议程的行动

从战略考量来看，巴西政府积极推动本国战略与 2030 年可持续发展议程的对接。从具体措施上来看，通过内化和本土化的措施将国际规范融入到本国发展的实际，从而开启了巴西落实可持续发展目标的进程。

（一）巴西落实联合国 2030 年可持续发展议程的战略

2015 年 9 月，联合国可持续发展峰会成功举行，本次会议通过了 2030 年可持续发展议程。巴西积极践行国际承诺，采取有力措施，积极落实可持续发展议程相关内容。巴西落实联合国可持续发展议程的重大战略举措是将 2016—2019 多年计划（Plano Plurianual-PPA）与 2030 年可持续发展议程融合起来。

巴西政府将 2030 议程内化的第一步就是将可持续发展目标与 2016—2019 多年计划的属性联系起来。将二者融合起来的目标在于确定将 2030 可持续发展议程的目标与联邦政府的规划工具衔接起来，连接政府的中期规划与可持续发展目标承诺的实施。

为了便于落实，巴西政府开发了一个数据库将可持续发展目标与一个或多个 2016—2019 多年计划特性相对应，以便为了实现可持

续发展目标而协调不同系统和部门。①

基于这种设计，有可能通过一体化预算和规划系统（Integrated System for Budget and Planning）来监控 2016—2019 多年计划对于 2030 议程的实施情况，从而允许联邦政府通过数据、分析和管理报告来评估可持续发展目标的实施情况。

首次调查表明，可持续发展中 86% 的目标和 78% 的指标与 2016—2019 多年计划的属性相同。②

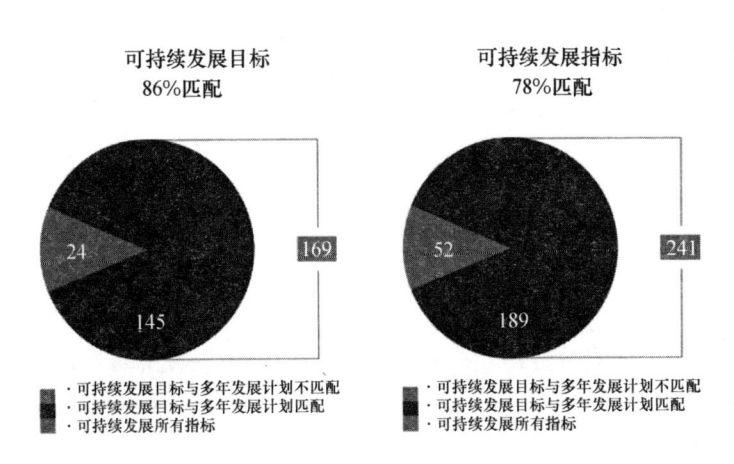

图1 可持续发展目标与 2016—2019 多年计划的融合度

资料来源：巴西政府向联合国高级政治论坛提交的 2017 可持续发展年度报告 Voluntary National Review on the Sustainable Development Goals Brazil 2017, p. 27。

---

① 详细内容参加 2017 年巴西政府向联合国高级政治论坛提交的可持续发展年度报告，Voluntary National Review on the Sustainable Development Goals Brazil 2017, p. 26. https://sustainabledevelopment.un.org/content/documents/15806Brazil_English.pdf，2017 年 8 月 5 日登陆。

② 详细内容参加 2017 年巴西政府向联合国高级政治论坛提交的可持续发展年度报告，Voluntary National Review on the Sustainable Development Goals Brazil 2017, p. 27. https://sustainabledevelopment.un.org/content/documents/15806Brazil_English.pdf，2017 年 8 月 5 日登陆。

（二）巴西落实联合国 2030 年可持续发展议程的具体举措

巴西政府除了在联合国、G20、金砖国家等国际组织积极响应相关倡议，践行 2030 可持续发展议程之外，还将该议程与本国的规划工具进行对接，其举措主要体现在内化（internalize）和本地化（localize）两方面。

1. 内化。为了解决将可持续发展议程融合到本国发展的实际，巴西政府将内化进程分解为以下几个步骤：

国家治理（National Governance）。设立可持续发展目标国家委员会，作为一个为咨询和评估机构，该委员会旨在内化、传播和赋予 2030 可持续发展议程的透明化，保持这种一体化进程的连续性，在联邦政府和社会组织之间展开对话。

目标的充分性（Adequacy of Targets）。全球可持续发展目标相对于巴西现实的充分性应该考虑到巴西国内的地区差异，巴西政府的优先目标，国家发展计划，当下立法，社会经济发展情况。考虑到地区发展的差异，经济、社会和环境状况。

国家指标意义（Definition of National Indicators）。在充分目标的指引下，指标应该能够确定数据可获得性和监控国家和地方发展的可行性。

可持续发展目标应该面向所有的巴西人。因此，地方政策应该与 2030 议程的行动战略匹配，并将其视为改变不平等的机会。为了实现这一目标，地方政府应该在国家目标融入到地方发展过程中起到关键作用，应该将可持续发展目标融合到本地的规划、预算包括市民社会的参与。①

2. 本地化。基于实施千禧年发展目标的经验和教训，以及巴西政府规划的运行情况，应该鼓励设立地方政府机构，以便引领 2030 可持续发展议程在巴西的本地化进程。

本地化战略主要包括不同的社会组织，次国家政府融合并动员起来，确认并激励典型实践，实现目标跟踪。政府和市民社会的倡议工具将将有助于可持续发展发展目标在本土化过程中的规划和传播，这些工具有以下几个方面。

对话巴西（DialogaBrasil，http：//dialoga.gov.br/）是一个数字化参与平台，在该平台上，公众可以就联邦政府包括可持续发展目标在内的公共政策的讨论和形成提供意见。

参与巴西（Participa.br Portal，events.http：//www.participa.br/）是一个为公众、网络和社会组织提供参与工具的社交媒体工具。它能够在政府和社会之间通过公共咨询、辩论、会议和网络来建立起对话。

可持续发展目标战略（SDGs Strategy，http：//www.estrategiaods.org.br/）是一个将私营部门、地方政府、学术及机构联系在一起的网站。它旨在传播和强化可持续发展目标，为该计划的实施进行动员、讨论和建议。

2030 议程平台（The 2030 Agenda Platform，http：//www.agenda2030.com.br/）包含三个功能：信息功能，该网站提供可持续发展目标的实施进程，提供巴西 2030 可持续发展议程的出版物和相关

---

① 巴西政府向联合国高级政治论坛提交的 2017 可持续发展年度报告 Voluntary National Review on the Sustainable Development Goals Brazil 2017, pp. 20 – 21. https：//sustainabledevelopment.un.org/content/documents/15806Brazil_English.pdf，2017 年 8 月 5 日登陆。

内容。监督和评估功能,该网站提供联邦机构实施可持续发展目标的数据;参与功能,该网站为公众和相关机构就持续发展目标展开讨论。

民间社会组织图(Map of Civil Society Organizations,http：//mapaosc. ipea. gov. br/)是一个地理参考平台,它为民间社会组织传播 2030 议程提供了数据,跟进民间社会组织实施的有关可持续发展目标活动。

城市脆弱图册(Municipal Vulnerability Atlas,http：//ivs. ipea. gov. br/ivs/)是一个平台。该平台包含基于人类发展指数的城市脆弱指数,包括城市基础设施,人力资本,劳动和收入这三个方面的社会脆弱指数。该指数能够反映出巴西 5565 个市和主要大城市的社会排斥和脆弱性情况。[1]

综上所述,巴西政府基于本国实际,通过多种方式将 2030 可持续发展议程进行内化和本土化,推进其实施。

二、巴西落实联合国 2030 年可持续发展议程的成就

巴西在落实千禧年发展目标时已经取得了不俗成就,在此基础上,经过两年多的时间,已经在落实联合国 2030 年可持续发展议程方面取得了以下几个方面的进展:

---

[1] 巴西政府向联合国高级政治论坛提交的 2017 可持续发展年度报告 Voluntary National Review on the Sustainable Development Goals Brazil 2017, pp. 22 - 23. https：//sustainabledevelopment. un. org/content/documents/15806Brazil_ English. pdf, 2017 年 8 月 5 日登陆。

(一) 政策工具制度化

巴西政府采取有效的对接手段,将国际规范与国内政策工具进行融合,推动可持续发展议程的落实。其中最为重要的保障措施当属多年计划对于可持续发展议程的对接和支撑。

多年计划(Plano Plurianual-PPA)是由1988年宪法正式提出,它是政府进行中期规划的主要工具,目的在于组织和促进四年内政府行为。该计划主要在于规划联邦政府的行为,一般根据总统候选人在竞选中的承诺,当选后制订计划并予以实施。① 由 programs, goals, targets and initiatives(attributes)和四年政府公共管理计划构成,是政府管理的宪法工具。

多年计划主要用于指导联邦政府和社会机构更好地实现国家发展目标,它所呈现巴西发展前景,主要挑战和价值所在规划了巴西联邦政府机构的方向,同时设定了未来四年国家的发展目标及其实施举措。它有利于提出并组织实施为了实现更好绩效的公共管理行为。它有利于社会大众确认政府在选举期间所做出的承诺,也有利于政府宣传和组织其行动,以便政府在合适的时间,合适的地方,提供合适的产品。②

多年计划的管理主要是在监测方案、目标、指标和倡议的基础上,特别注意为国家的发展提供必要业绩的最有效的手段。多年计

---

① 关于多年计划的简介参见巴西计划、发展和管理部官方网站,http://www.planejamento.gov.br/servicos/faq/planejamento-governamental/plano-plurianual-ppa/o-que-eacute-o-ppa, 2017年8月5日登陆。

② 参见巴西计划、发展和管理部官方网站, http://www.planejamento.gov.br/servicos/faq/planejamento-governamental/plano-plurianual-ppa/para-que-serve-ppa, 2017年8月5日登陆。

划的管理与该计划产生的客观条件密切相关，二者的互动有利于多年计划的实施，因此多年计划的实施效果与国家对于该计划的沟通渠道密切相关。①

根据巴西宪法第 165 条之规定，多年计划须与预算准则法［Lei de Diretrizes Orçamentárias（LDO）］和年度预算法［Lei Orçamentária Anual（LOA）］相匹配。雨伞准则法与多年计划匹配，决定联邦政府的发展目标和有限事项，并与年度预算法一并指导联邦政府下一年度的财政预算。年度预算法主要决定社会保障和政府其他投资方面的财政预算。预算准则法与年度预算法与多年计划的联系主要通过多年计划的方案和倡议来实现，年度预算法中的主要事项也起到了联系作用。多年计划由总统在任期第一年内予以起草，经过国会投票，总统签署后，方可实施，随后将指导政府的行为。②

2016—2019 多年计划致力于社会包容性和减少不平等的发展模式，主要在于提高公共服务的质量、经济发展水平，并分为两个部分：战略层面和策略层面。战略层面主要由未来发展愿景、四大战略轴心和 28 个战略原则构成。策略部分由 54 个主要项目，管理、运行和服务项目组成。每个主要项目由目标、指标和倡议，其他详细计划和各个地区政府行为构成。54 个主要项目细化为 303 个目标和 1132 个指标。这些目标源于国家发展所面临的挑战、需求和机遇，以及提高民众的生活质量和社会发展目标。这些指标主要是进一步细化主要项目的具体举措。

---

① 参见巴西计划、发展和管理部官方网站，http：//www. planejamento. gov. br/servicos/faq/planejamento-governamental/plano-plurianual-ppa/como-eacute-a-gest-atilde-o-do-plano-plurianual，2017 年 8 月 5 日登陆。
② 参见巴西计划、发展和管理部官方网站，http：//www. planejamento. gov. br/servicos/faq/planejamento-governamental/plano-plurianual-ppa/qual-a-rela-ccedil-atilde-o-entre-o-ppa-a-lei-de，2017 年 8 月 5 日登陆。

2016—2019多年计划预估未来四年的主要项目所包含的指标的税收情况，大约37%的税收项目与这一时期的多年计划目标相关。多年计划所预估的资金需求主要由年度预算法总额和下一年度的预算金额构成。①

多年计划在1988年宪法正式提出并付诸实施，主要通过与联邦政府预算的协调实施来确保政府的重大发展目标的实现。因为多年计划主要依据新总统的施政纲领在就任仪式开始起草，在制定和实施过程中具有鲜明的时代特征。

（二）参与力量体系化

为了有效地推动可持续发展议程的落实，巴西积极动员多方力量共同参与到这一进程中来。从巴西落实2030可持续发展议程的报告可以看出，虽然政府在对接发展战略，为落实可持续发展议程而进行的2016—2019多年计划所提供预算方面发挥了重要力量，但在具体实施过程中，地方政府、民间组织、私营机构，科研机构均发挥了不可替代的重要作用。②

民间组织对于巴西实现千禧年发展目标至关重要。为了动员更多的社会组织参与到可持续发展目标的实施进程中来，已经建立起囊括市民社会、私营部门、政府和学术机构的网络。这样的网络旨在传播并强化对于可持续发展目标的讨论，并为2030议程的实施进

---

① 参见巴西计划、发展和管理部官方网站，http://www.planejamento.gov.br/assuntos/planeja/plano-plurianual，PPA em números，2017年9月10日登陆。
② 巴西政府向联合国高级政治论坛提交的2017可持续发展年度报告 Voluntary National Review on the Sustainable Development Goals Brazil 2017，p. 32. https://sustainabledevelopment.un.org/content/documents/15806Brazil_English.pdf，2017年8月5日登陆。

行动员、讨论和提供更为有效的方案。这些民间组织主要包括2030议程市民社会工作小组、可持续发展目标战略、可持续发展目标巴西网络、我们可以国家可持续发展目标运动等。

地方政府的努力主要表现在5570个市将在2017年将其2018—2021多年计划与可持续发展目标进行对接，致力于在本市实现可持续发展议程。同时，继续举行自里约+20就开始的"全国市长阵线"的会议，为相关城市实施可持续发展提供培训，并融入更多的城市到可持续发展进程中。另外一项主要举措就是在2016年由全国城市联盟出版"巴西市政府可持续发展目标本土化指南——城市管理者应该知晓什么"，该出版物旨在告之地方当局2030可持续发展目标的重要性，以及可持续发展目标与所在城市能力之间的关系。

巴西议会也矢志不移地推动可持续发展目标在本国的落实。2016年12月，推动成立了无党派属性的"联合议会阵线"，支持联合国可持续发展目标的实施。该联盟集结了200多名参议员和众议员，旨在强化对可持续发展问题的处理，维持并强化有利于可持续发展的政策，强化可持续发展的立法工作。

在外部监控制度方面，联邦审计法院[①]作为巴西最高审计机构，负责监督2030可持续发展议程的实施工作。因为2030可持续发展议程进行了指标控制，建立了较为完备的指标体系，这位监管机构的监督提供了便利和可行性。为此，联邦审计法院专门针对可持续发展目标的准备工作进行了试点审计，以此来评估巴西联邦政府对2030可持续发展目标的准备工作。

---

① 巴西联邦审计法院从属于高等法院，专司审计监督工作，对政府工作形成了有效监督。

表 1　国家可持续发展委员会构成

市民社会	非政府组织	儿童和青少年权利基金会（ABRINQ Foundation）
		全国农业人口委员会（CNS）
		全国总工会（UGT）
		世界宣明会（World Vision）
	学术机构	全国高等教育机构主任协会（ANDIFES）
		巴西科学促进会（SBPC）
	生产部门	全国工业联合会（CNI）
		商业和社会责任研究精神研究所（ETHOS）
总统政府秘书执行秘书处		
政府机构	联邦政府机构	总统府民事办公室（Casa Civil）
		总统府政府秘书处（SEGOV）
		外交部（MRE）
		环境部（MMA）
		规划、发展和管理部（MPDG）
		社会发展部（MDS）
	州政府	巴西州政府环境联合会（ABEMA）
	市政府	全国市政联合会（CNM）
永久技术咨询单位	巴西国家地理统计局（IBGE）	
	巴西应用经济研究所（IPEA）	

资料来源：巴西政府向联合国高级政治论坛提交的 2017 可持续发展年度报告，Voluntary National Review on the Sustainable Development Goals Brazil 2017，p. 32。

从巴西推进 2030 可持续发展议程的实践来看，采用的是扁平化实施策略。主要通过 2016—2019 多年计划与 2030 可持续发展目标的多元对接，在此过程中，调动民间社会组织、地方政府、科研机构、私营单位等参与到可持续发展目标的实施、评估、监督、讨论和建议中来，共同推动可持续发展目标在巴西的实现。

如表 1 所示，通过 2016 年 10 月 27 日的 8892 号法案，巴西设立可持续发展目标国家委员会来统筹2030可持续发展相关事宜，该委员会包括非政府组织、生产部门、联邦政府部门、州政府、市政府和技术支持单位等16家代表单位。由总统府政府秘书领衔，以便整合来自政府和市民社会的力量共同推动工作。

（三）可持续发展目标指标化

通过巴西地理统计局（IBGE）加入到第46届联合国统计委员的两个工作组——可持续发展指标联合专家组（Interagency Expert Group on Sustainable Development Indicators，IAEG-SDGs），统计伙伴、协调和能力建设高级小组（High-Level Group for Partnership, Co-ordination and Capacity Building for Statistics，HLG-PCCB）——巴西逐步建立起监控2030可持续发展议程的指标体系。

在可持续发展指标联合专家组中，巴西旨在开发和提出一套2030可持续发展议程的全球指标体系，并为该指标体系提供技术支持，为指标体系及其大数据提供评估规范。同时，巴西还加入了联合专家组中的三个隶属小组，以便进一步处理数据规范、信息整合和目标和指标之间的衔接问题。

在统计伙伴、协调和能力建设高级小组中，巴西积极与可持续发展行动开普敦全球计划（Cape Town Global Plan of Action for Sustainable Development）进行合作，该计划于2017年1月15—18日在南非举办的第一届联合国全球数据论坛上提出。

在地区层面，巴西积极加入拉丁美洲和加勒比海地区2030议程统计协调小组（Statistical Coordination Group for the 2030 Agenda in Latin America and the Caribbean）。这一小组成员由可持续发展指标联合专家组和统计伙伴、协调和能力建设高级小组成员国当局的统计单位构成,主要任务在于加强在全球,区域和次区域统计能力和技术支持的协调与促进工作。

在国家指标方面,由巴西国家地理统计局牵头,组织巴西联邦政府,联合国驻巴西代表机构,2030可持续发展目标相关的专业机构350多人进行了研讨会。这些研讨会的目的一方面是分小组讨论17个可持续发展目标的全球指标,以及相关机构对于巴西在全球指标中的立场进行了磋商。巴西在试图建立技术支持时,不仅仅在于引导全球指标的讨论,同时也计划进行本国指标的讨论。

另外一个重要举措就是2016年12月5—9日举办的第三届全国数据、地理和环境信息生产商和用户会议,其间举行了111场圆桌会议,10次全体会议,29场讲座,共计1800人,约210个机构参加。

与此同时,巴西开始对监督可持续发展目标的指标可获得性进行充分性评估,国家地理统计局根据2016年第一季度的前期研究,确定了如下241个全球指标:

第一层,用于确认研究方法和信息来源的105个指标;第二层,39个含有需要进一步方法改进信息的指标;第三层,68个没有计算方法或数据可获得的指标;29个被联合国安理会采用的基于分类过程的正在分析的指标。[①]

为了推进国际指标的定义及其计算方法,信息生产方组成了17个专题小组,每个小组负责一个特定的可持续发展目标,复制可以用于全球指标讨论的方法。此外,这些小组还可以将可持续发展主

---

① 巴西政府向联合国高级政治论坛提交的2017可持续发展年度报告,Voluntary National Review on the Sustainable Development Goals Brazil 2017, p.46。

题相关的信息提供者和利益相关方联系起来。

综上所述，巴西在推进 2030 可持续发展议程所取得的上述成绩，一方面在于充分利用了落实千禧年发展目标的有益经验。另一方面立足于本国发展实际，将政策规划工具与 2030 可持续发展议程进行对接，在此过程中，充分发挥中央政府的统筹作用，融合政府和市民社会的力量，调动多方力量共同参与。不仅如此，还积极参与到可持续发展目标全球和地区组织，积极推动可持续发展目标的指标化工作，形成可以监督和评估的指标体系。

三、巴西落实联合国 2030 年可持续发展议程面临的挑战

虽然在落实联合国 2030 年可持续发展议程方面巴西取得了初步成绩，但同时应该看到，想要取得更大的成绩，全面实现可持续发展目标，巴西仍然面临以下问题：

（一）巴西国内环境的稳定性

稳定的国内环境是一国有效推进各项发展事业的前提条件。近年来，巴西国内的政治、经济和社会环境面临较大的不确定性，这样持续震荡的国内形势不利于可持续发展目标持续且有效地推进。

自 2008 年来，受世界性金融危机的影响，国际市场对于大宗商品的需求持续疲软，巴西出口收益减小。在创新发展，社会转型短

期内难以初见成效的情况下，国内经济一度出现负增长，经济复苏仍然存在较大的不确定性。

与此同时，巴西经历了罗塞夫总统弹劾，新上任的特梅尔总统民意支持率出现罕见的历史低点。随着"洗车行动"的持续发酵，越来越多的政治人物牵涉其中，给巴西政局带来持续震荡。随着反腐行动的持续进行，2018年大选面临新的变数，政党之间、政党内部以及政党与利益集团之间的矛盾呈现日益复杂的态势。从近期的态势来看，巴西政府的稳定还需要进一步观察。

由于历史所导致的发展不平衡，加之近几年经济不景气所导致的城市失业人口的增加，巴西沿海大城市的犯罪率持续攀升，街头暴力犯罪常常见诸报端。自2017年初开始，多个地方政府曝出财政危机，公共事业投入严重不足，少数州已经出现城市治安紧急状态，需要通过联邦政府动用军队来平息有组织暴力犯罪。

根据上述分析，巴西国内环境的不稳定性给可持续发展议程的顺利实施带来了挑战。

（二）政策工具的有效性

同时，多年计划因为自身特性，也存在诸多缺陷。多年计划虽然是新总统就任伊始进行起草，通过立法程序通过后实施的，但却受制于新政府的施政纲领以及当时的经济环境，尽管规划了不同政府的施政方略，可是在总统任期的影响下，诸多重大问题还是得不到持续性的关注和解决。但该计划更多是受到宪法规定的影响，与财政预算联系密切，计划制定后，并没有相关的保障措施确保实施。①

巴西所实施的多年计划更多地是为了实现政府发展规划与财政计划的匹配,是一种资金安排。多年计划的实施受制于多种因素,不具有实施的确定性。联邦政府并未对多年计划的实施制定详细的路线图。

考虑到环境的固有复杂性,以及在制定和实施政策的转换速度,多年计划具有指示性功能,该计划的内容只是政府行为的参考,并不具有约束力。因此,多年计划具有动态性特点,需要根据现实需要进行调整。②

(三)地方政府的分权挑战

巴西是一个国土面积达 8515767 平方公里,人口超过 2.049 亿③的发展中大国。同时巴西有 26 个州,1 个联邦特区,共计 5570 个市。作为一个联邦制国家,州和市级政府众多,且具有较大的自治权。

自巴西作为一个国家出现以来,巴西地方政府就存在与中央政府的对抗传统,地方政府对外国力量的抗争一度唤醒了巴西的国家自主意识,并加速了民族国家的建立。④ 二战以来,地方政府领导多

---

① 2016—2019 多年计划具体财政预算分配参看 PPA em Números, http://www.planejamento.gov.br/assuntos/planeja/plano-plurianual, 2017 年 9 月 7 日登陆。笔者与巴西计划部有关人员和学者的交流中也证明了这一判断。

② 参见巴西计划、发展和管理部官方网站, http://www.planejamento.gov.br/servicos/faq/planejamento-governamental/plano-plurianual-ppa/o-que-est-aacute-no-ppa-tem-garantia-de-ser, 2017 年 8 月 5 日登陆。

③ 数据来源,巴西国家地理统计局官方网站, https://www.ibge.gov.br/。

④ [美] E. 布拉德福德·伯恩斯著,王龙晓译:《巴西史》,商务印书馆 2013 年版,第 82—111 页。

次发生对抗中央政府的事件。① 自巴西进行财政改革以来，财政联邦主义的讨论不仅仅引起学术界的诸多争鸣，也引发了地方政府的财政危机。尤其是特梅尔政府以来，多个州宣布进入紧急状态，地方政府的公共支出严重不足，需要联邦政府的紧急救援，由此导致多个地方政府拖欠中央政府的款项不能及时付清。

在地方政府分权的现实需求下，联邦政府和地方政府对于可持续发展议程的有效衔接和实施就面临较大的不确定性。尤其是在地方政府发展面临现实困境的情况下，很难信守对可持续发展议程的承诺，坚持推动可持续发展目标。地方政府对可持续发展议程的长期考量很容易让位于现实问题的紧迫性。

除此之外，作为巴西实现可持续发展目标的核心内容——消除贫困也面临巨大挑战。巴西贫困问题的历史由来已久，自殖民地以来，对外部市场的过度依赖，已经造成对国际经济的结构性贫困。虽然历届政府颇为关注，不遗余力地解决，但贫困问题的顽疾依然存在。同时，贫困问题的影响的全面性，涉及到政治稳定、经济发展、社会和谐等重大问题。每当选举之时，或政治动荡之际，贫困问题，尤其是贫困人口都是政客所关注的焦点。同时，经济发展过程中，要处理东西发展不均衡，城市与农村发展不协调所导致的区域和人口贫困问题。再者，减贫涉及到巴西的社会福利高度集中问题，② 积重难返。

综上所述，巴西在落实联合国 2030 年可持续发展议程方面面临

---

① 相关事件最典型的记录参见卡多佐在其回忆录中对多个事件的深刻描述，[巴] 费尔南多·恩里克·卡多佐著，秦雪征、叶硕译：《巴西崛起：传奇总统卡多佐回忆录》，法律出版社 2012 年版。
② [巴] 费尔南多·奥古斯都·阿德奥达托·韦洛索、[巴] 利亚·瓦尔斯·佩雷拉，郑秉文主编：《跨越中等收入陷阱：巴西的经验教训》，经济管理出版社 2013 年版，第 404 页。

着国内政治、经济和社会环境不稳定的威胁,同时多年计划因自身属性也面临着落实不到位的问题。最后,因为地方政府分权调整,可持续发展议程难以在州和市级政府贯彻实施。贫困问题的顽疾的解决不可能一蹴而就,需要一个较长时间段。

应对气候变化的全球责任

杨雪晴[*]

自工业革命以来,世界城市化程度加深,经济快速发展,化石燃料大量燃烧,这一切人类活动使得大气中二氧化碳浓度大大增加,从而加重了温室效应,对气候产生了显著影响。20世纪70年代,全球不少地区频繁出现历史罕见的极端异常气候现象,带给人类诸多灾害,引起了国际社会对气候学研究的关注。"世界气候大会——气候与人类"专家会议于1979年2月12—23日在瑞士日内瓦举行,第一次提出全球变暖说,并促动了1988年"政府间气候变化专门委员会"(IPCC)的成立,引发了国际社会和各国政府应对气候变化的种种举措。自气候变化(变暖)灾难不断频现以来,气候学的研究和应对气候变化的举措经历了曲折的发展过程。

气候学的研究在进入20世纪80年代后迎来了质的飞跃。科学家、经济学家以及政治家讨论的重点已不再是"气候变化是否会影响人类生活",或是"对人类生活有什么影响",因为随着人类对气候学研究的发展,这两个议题的答案是肯定的,且已经十分鲜明。在当时,尽管还存在一定争论,但国际社会基本达成了一致共识,

---

[*] 杨雪晴,英国杜伦大学政府与国际事务系全球政治研究生。

认为温室气体的过度排放带来的气候变化已经对人类造成了十分恶劣的负面影响，且影响深重。例如，海平面持续上升，海洋酸化，海表水温升高，突如其来的干旱、洪涝，粮食产量的减少以及由于气候变化造成的疾病，都在威胁着全球的生命体。而对于那些自身能力较弱，很难依靠自身力量去抵抗气候变化及其带来的一系列连锁反应的小国，气候变化更是致命的威胁。同时，国际社会也一致认定全球各国应共同合作，制订应对减排方案，拯救人类。

自20世纪90年代起，联合国框架下的国际社会开始致力于一个完善的应对气候变化的方案。很多政治学科的学者们结合社会学、政治学、经济学、环境学、气候学，为约束和遏制温室气体的排放提出了理论原则，以期制定各国能够遵守的协议，改善气候变化，保护环境，保护人类。于是，1992年通过的《联合国气候变化框架公约》以及1997年达成的《京都议定书》应运而生，希望将大气中的温室气体含量稳定在一个适当的水平，防止剧烈的气候变化对人类造成更大的伤害。然而，在许多议题上，发达国家和发展中国家存在着严重的分歧，尤其是在温室气体减排的指标上无法达成一致，联合国气候变化哥本哈根大会从2009年努力至2013年，终以失败惨淡告终，使得《京都议定书》第二阶段出现停滞。时至今日，国际社会始终都无法达成一个全球范围内各国均参与的温室气体减排协议。

因此可见，如何制订出公平的各国均愿参与的减排指标责任分配，成为有效应对气候变化的障碍。国际社会开始意识到：如果没有一个具体到国家，甚至是个体的减排指标责任分配，那么减少温室气体的任务将很难完成，以及对遏制气候变化的讨论也将停留在表面。至此，减排指标责任分配的探讨成为至关重要的环节，关系到应对气候变化的进一步发展。对于各个成员国来说，温室气体的减少意味着发展进程的相对放慢，以及经济利益的相对减少。减少排放温室气体，则要求各成员国采取相对清洁，对环境友好的清洁能源。减少工业污染排放，会导致加工成本升高，产量降低，所以各成员国并不愿意轻易地做出这样的牺牲，尤其是在当今这个工业科技发展则意味着国家实力的时代。因此，温室气体的减排并不是一个简单的科学问题，而是一个关切自身利益的复杂政治谈判问题。换句话说，减排指标责任的分配问题是为整体利益牺牲个体利益的问题，涉及公平、正义、平等、效率等多元国际政治、经济因素。

三十多年来，国际社会应对气候变化的种种举措所经历的艰难曲折，折射着发达国家和发展中国家完全不同的诉求，也透射出他们背后不同的理论原则的冲突。温室减排议题已超越自然气候科学，转而成为一个政治气候博弈。只有梳理出一个符合各方利益、体现正义平等、赋有经济效益的理论原则，才能制订出合理可行的协议方案，应对气候变化才不至为一句空话。本文拟在联合国气候大会的"共同但有区别的责任"[1]的共识原则框架下，剖析发达国家与发展中国家在"污染者付费原则"（Polluters Pay Principle）[2]上的冲突，论证其原则的局限性，并为主张"能力原则"做出分析和建议。

---

[1] The Rio Declaration on Environment and Development (1992), http://www.unesco.org/education/nfsunesco/pdf/RIO_E.PDF, May, 25th, 2016.

[2] David Miller, 2008, *Global Justice and Climate Change: How Should Responsibilities Be Distributed?*, Tanner Lectures on Human Values, March 24-25, p. 125.

一、共同但有区别的责任

"共同但有区别的责任"是从"共同责任"发展而来的。经历了萌芽（1972年的斯德哥尔摩会议）、雏形（1987年的蒙特利尔议定书）阶段，最终在1992年6月里约热内卢环境与发展大会通过的《里约宣言》中确立。原则七宣告："各国应本着全球伙伴精神，为保存、保护和恢复地球生态系统的健康和完整进行合作。鉴于导致全球环境退化的各种不同因素，各国负有共同的但是又有区别的责任。发达国家承认，鉴于他们的社会给全球环境带来的压力，以及他们所掌握的技术和财力资源，他们在追求可持续发展的国际努力中负有责任。"[①] 共同但有区别的责任作为一项国际环境法基本原则被正式确立。"共同责任"强调所有的成员国都应联手合作，建立全球契约精神，保护维护地球生态的稳定和整体性，减排任务人人有责。这里充分体现了国际合作中应有的正义平等，它一方面要求所有成员国共同履行减排的责任，另一方面也意味着所有成员国同等享有基本排放量来提升生活水平，体现着平等的"分配正义"。而"但有区别责任"则意味着面对环境退化的问题，各成员国应根据其自身情况，尽到不同的责任。原则6宣告："发展中国家，特别是最不发达国家和在环境方面最易伤害的发展中国家的特殊情况和需要应受到优先考虑。环境与发展领域的国际行动也应当着眼于所有国

[①] 《里约环境与发展宣言》，http://www.china.com.cn/chinese/huanjing/320117.htm Jun 1st 2016。

家的利益和需要。"① 总体来讲,"共同但有区别的责任"的核心强调:"回顾历史,发达国家是近年来主要的温室气体排放者,排放了大量的温室气体;而发展国家的温室气体排放量相对较低;由此,发展中国家的全球排放量可以适当增加,满足其社会经济发展的需要。"("The largest share of historical and current global emissions of greenhouse gases has originated in developed countries; per capita emissions in developing countries are still relatively low; the share of global emissions originating in developing countries will grow to meet their social and development needs.")② 这里,"但有区别责任"事实上是体现了正义论中的另一层面,即矫正正义。"有区别"的潜台词是:平等的温室气体排放权是通过同等的排放量实现的,气候变化问题是人类长期发展累积而来的,大部分是由发达国家所造成的,因此发达国家对全球气候变暖负有首要责任,它们应该承担绝大部分的减排成本,发达国家应承担历史责任并率先采取减排行动。"谁污染,谁治理,谁付费"的"污染者付费"原则就是从矫正原则中派生出来。

二、污染者付费原则

如上所述,在气候变化研究的早期发展中,国际社会将气候变

---

① 《里约环境与发展宣言》,http://www.china.com.cn/chinese/huanjing/320117.htm, Jun 1st 2016。
② United Nations Framework Convention on Climate Change (1992), https://www.gov.uk/government/uploads/system/uploads/attachment_data/file/273158/2833.pdf, May, 29th, 2016.

化的责任归咎于发达国家。因为发达国家，比如英国，开始了最早的工业革命，开启了工业化生产的先河，建立了大量工厂，虽然加快了经济增长，但也导致了大量温室气体的排放。于是，国际社会认为，气候变化产生的代价应该根据发达社会过去的行为，以及对当今大气层内二氧化碳以及其他温室气体含量的影响来决定。因此理论家们就提出了"污染者付费原则"，即"历史责任"原则，简单地讲，就是污染了环境的人有责任为其行为买单。如果从政治哲学的理论基础上寻求这个原则的合理性以及公平性的话，即为：如果一个人做出了伤害他人的事情，那么这个人有责任更正，或者弥补其错误。[1] 而这个原则在《京都议定书》中就有所体现。当时是第一次发达国家与发展中国家相聚京都，召开第一次气候变化大会。条约当时清楚且具体地写出发展中国家，比如中国和印度，可以免去减少温室气体的责任，因为在过去的几十年中，中国和印度并没有排放过多，或是并没有排放与发达国家同等数量的温室气体。而相反，条约表明发达国家，比如美国以及英国，应该负担起温室气体减排的主要责任，因为在过去的几十年中，英美两国是温室气体的两大主要排放国。一些政治学者，比如亨利·舒（Henry Shue），对于"污染者付费原则"十分赞同，认为谁造成的污染，就应该由谁来清理，所以对于这些工业国家对全球气候变化造成的负面影响，也理应由它们来承担应对气候变化的责任和重担。

"污染者付费原则"主要有两个合理性。第一，支持此原则的支持者指出并强调，此原则符合政治哲学中的平等原则（Egalitarian principle）。比如，学者亨利·舒认为如果某一方单方不平等地将代

---

[1] Gardiner, "Ethics and Climate Change", in Gardiner, Caney, Jamieson and Shue, (eds.), *Climate Ethics: Essential Readings*, Oxford University Press, 2010, p. 128.

价强行赋予他人，那么我们有理由将此代价所带来的额外重担转给不平等的制造者承担，以此来平衡其制造的不平等。① 换句话说，如果某一方的行为造成了对他人的伤害，使得他人承受了代价，那么为了达到公平，维护正义，此不平等的制造者应该承担为了消除不平等而产生的额外责任与代价。为了更好地理解，我们举一个简单的例子。比如，工厂 A 为了经济利益，将其工厂产生的污水未经处理地排放到附近村庄的河水里，而造成此村庄的居民大面积生病，无法正常生活。这种现象就是工厂 A 造成的对于村民的不平等，因此为了维护基本的公平与正义，工厂 A 不仅应承担清理河流的费用，也应该承担居民的医疗费用，以及其因疾病而耽误的生产费用，由此来弥补或改正工厂 A 造成的不平等与不公平。当然，为了更好地理解这个理论，我们首先要接受两个前提条件。第一，我们要接受并且同意让曾经造成过不平等的人或组织来承担额外的代价与责任，来弥补或改正错误是有公平理论作为基础的，② 这么做是符合正义的。第二，我们赋予这些人的代价与责任是足够弥补其曾经为我们带来的损失与伤害的。③ 在气候变化的这个例子中，发达国家在过去 200 年内不仅仅是伤害了环境，将人类和生灵置于一个更加危险的生存环境中，也妨碍了当今发展中国家正常排放温室气体的权利与机会。因为排放指标总量是确定的，发达国家在过去 200 年内排放过多，导致当今发展中国家无法按照同等数量排放，造成了不平等。那么根据公平原则，发展中国家有理论基础要求当年的污染者为他

---

① H. Shue, "Global Environment and International Inequality", *International Affairs* 75 (1999), p. 103.
② Gardiner, "Ethics and Climate Change", in Gardiner, Caney, Jamieson and Shue, (eds.), Climate Ethics: Essential Readings, Oxford University Press p. 132.
③ Gardiner, "Ethics and Climate Change", p. 132.

们造成的不公平付出额外代价，为当年的污染买单，由此来弥补他们对环境做出的伤害。

　　而另外一种合理性是以平等机会（Equality of Opportunity）为基础。以学者理查德·梅耶（E. Nemayer）在其书《为温室气体的历史问责制辩护》（*In Defence of Historical Accountability for Greenhouse Gas Emissions*）所讲到的为例，如果将全球的资源平等分配的话，因为有些人用掉了比平均份额还要多的数量，那么其他人就只能用比均分份额少的部分。约翰·洛克（John Locke）曾提出一个著名理论：资产获得理论（the theory of property acquisition）。[1] 约翰·洛克认为，在一个天然的，即自治的环境中，任何人是有权利使用或处理公共资源的，即有权利将大众的资源当做自有资源，前提是必须留下足够自治区域内他人使用的资源即可。这个理论的核心是当一个人处理稀有资源，或者是将来可能会变成稀缺资源时，只有在确定他人或后代可以拥有同等机会使用或处理此资源时，这个人才可以使用或处理其稀缺资源。根据这个理论，如果将温室气体排放量看做是一种稀缺资源的话，发展中国家则完全有理由认为是因为发达国家在过去排放了过量的温室气体，导致发展中国家无法拥有同等机会进行工业化生产，发展中国家必须提高生产成本，减少温室气体排放量，以此来保护环境。因此，发展中国家要求污染者必须减少其温室气体排放量，为发展中国家节省出温室气体排放量的指标，帮助发展中国家进行工业化生产，刺激经济增长。

　　虽然这个"污染者付费原则"在气候学研究的初期似乎十分站得住脚，并且也流行了很长时间，但在今天来看，笔者认为它并不

---

[1] J. Locke. "Two Treatises of Government". New Yorker: Mentor, 1965, pp. 329, 333.

适合,已无法继续实施了。首先,在当今国际社会,发展中国家与发达国家的界限已不是十分明显,甚至有时会引发争议。对于发展中国家以及发达国家的原始定义已经有些过时,并且已经成为各成员国在国际会议上争论的焦点,影响了会议的进程。以中国为例,很多西方国家指出中国已经一跃成为世界第二大经济体,而其温室气体排放量已经超过美国,成为全球最大的温室气体排放国家。中国快速的经济发展,与其带来的相应的巨大的温室气体排放量使得中国成为西方社会议论的焦点。以美国为首的西方社会,借此要求中国应该承担起其作为一个大国,在节能减排方面应该起到的领导者的作用,肩负起全球节能减排的责任。

其次,温室气体排放者或是消费者界定很复杂,也就是"污染者"很难界定。大多数政治家与经济学家都将国家作为温室气体的主要排放者。在学者理查德·梅耶的著作《国家的历史排放债务》(*Historical Emission Debt of a country*)中,他认为从一个国家过去的温室气体排放量上来看,国家应该作为温室气体排放负责的主体,因此他主张减少温室气体排放量的责任应该落实在具体国家上。如此说来,国家,比如美国或是英国,应该承担起节能减排的主要责任。这个理论和前面提到的平等原则一致认为这些大国使用了比平均份额更多的排放量,所以他们应该减少排放量来弥补的改正。当我们从一个集体性的角度来看待这个问题时,这个说法似乎是成立的,但是如果从个体的角度来看待这个问题的话,这个说法似乎就有些站不住脚。比如,对每个人来讲,温室气体的排放是每天都必不可少的,用来维持正常基本生活。人类需要通过呼吸来呼出二氧化碳,维持生命;也需要烹饪食物,维持一日三餐,而这个过程也会排放温室气体。这些行为都是人类正常所需,并且每个人都有权利去做的事情。也就是说,每一个个体都有权利,也都必须排放温室气体,来维持正常的生活。然而,如果按照平等原则的说法,我们只有衡量了每个个体的温室气体排放量,才能判断是否每个个体都遵守了平等原则来排放温室气体。若以国家为主体,即使在同一主体里,即在同一国家里,每个个体的温室气体排放量都会有所不同。比如,有些人可能会经常开车上班,那么其温室气体排放量就会比没有车的人要多很多;又如,经常做饭的家庭就比不太做饭的家庭排放的温室气体要多。对于个体而言,我们是没有办法制定一个标准来衡量其是否排放了比其他个体多很多的温室气体的。如果我们仅仅只从集体角度考虑责任分配,追求国家间的平等原则的话,那么在无法衡量每一个个体的排放数量时,我们怎么能确保在同一国家里不同个体的平等机会呢?按照平等主义的说法,每个人都应有同等机会以及相同的排放份额,包括每个国家里的个体,那么当我们从个体角度来看待这个问题时,平等主义的原则就不那么适用了。而且,仅从个体角度来分析平等主义原则,在信息不全的情况下是无法实现平等主义原则的,而这些信息则是无法得到的。比如,必须知道每一个个体在一个国家内具体的温室气体排放量,这样才可以进行比较和衡量,测算出是否有超标排放的情况,并且测算出超标了多少,其个体需要减少多少来弥补其超标的排放量,但显然这种测算是非常不现实的。

第三,"污染者付费原则"认为目前的现状是由于两百年前工业国家的崛起造成的,所以他们理应为此负责。但是,这个观点遭到了反驳。事实上,真正的温室气体排放者已经去世,现在受到责罚的主体不过是百年前排放者的后代。如果根据平等主义原则,每个个体都享有同等权利和机会排放温室气体的这个理论,"污染者付费原则"则不成立,因为这个原则妨碍了当今主体排放温室气体的权利。有学者认为,"污染者付费原则"是在要求现在的主体为过去过量排放温室气体的主体买单,而这一行为则与平等主义原则不一致。

结合以上三个理由,在平等主义原则支持下的"污染者付费原则"则不成立。"污染者付费原则"在现阶段已经并不适用了,并且在理论层面上并不一致,但这不是因为全球快速的经济发展,而是因为对于全球公平正义的进一步理解与发展。"污染者付费原则"仅仅强调了一部分的污染者,限制其温室气体排放量,但却忽略了排放温室气体的其他污染者。另外,"污染者付费原则"妨碍了当今社会排放温室气体的权利,仅仅因为其前辈之前排放了大量的温室气体。

三、能力与责任分配

笔者认为,"共同但是有区别的责任"是体现平等正义的,是合理且可行的原则。"共同"是合理的,对于国际社会来说,所有成员国的目标都是一致的,即为了全人类更好的生存环境,也为了下一代有更好的生活而努力。为了实现这个共同的目标,各成员国,无论是发达国家还是发展中国家,都应贡献出自己的力量。"有区别"也是合理的,"但有区别"不应再只以"历史责任"为依据,而应以各国的能力不同及生活环境不同来决定。

解决气候变化及其导致的全球变暖问题,不仅仅需要各成员国具有强烈的社会责任感,更重要的是应该考虑到不同个体及其国家的能力因素。举个简单的例子,如果我们在街上看到一个无家可归的流浪汉，为了帮助他，最有效也最快捷的方法就是为他买一些食物果腹。如果你当日身上恰好有十元钱，那么你可以选择花掉一半，为他买一些食物和水，让他不用再忍受饥饿。但是，如果你身上只有一块钱，甚至不能保证自己有足够的食物生存，那么怎么能再去拯救另外一个人呢？同理，每个国家或是个体肩上所扛起的责任不同是因为其能力的不同。如果我们要求一个国家或是一个个体做出超越其能力的承诺，这个承诺本事就是毫无意义的，就像是我们要求一个身上只有一块钱的人去拯救另外一个身无分文的流浪汉一样。如果我们接受了这个"能力依据原则"，那么下一个问题就是：如何将"能力"这个词量化？如何制定出一个方式来衡量"能力"？在国际会议的协商中，公平是一个非常重要的概念，只有当成员国都承认一个条约或者协议是公平的时候，这个会议才有可能会有成果。因此，对于国际会议的效率来讲，全球公平与正义至关重要，也应该是我们建立衡量标准的首要准则。对此，笔者建议国际社会可以参照世界贫穷的衡量方式。2015年，世界银行将国际贫穷线更新至1.9美元每天。也就是说，每天最低收入为1.9美元，低于这个数字的人即为生活在国际贫穷线以下，其国家也就成为贫困国家。而这个贫困基本线是由经济学家计算得出的，也被国际社会所承认的。这样来看，如果经济学家可以根据各个国家的发展进程以及经济发展能力，计算得出温室气体排放量的基本线，那么也可以算出不同国家最大温室气体排放量的分界线。这个基本线必须满足两个要点。第一，这个数字应可以维持国家内人民现有的生活水平。比如，如果一个家庭习惯开车上班或接送孩子上学，那么这个家庭开车上班的权利不应被妨碍，但是可以有选择地减少开车的次数，比如开车上班，但是周末可以选择搭乘地铁。第二，这个计算得出的数字可以减少温室气体在大气层中的总量。国际社会的共同目标是减少大气中温室气体的总含量,而不是要求每个排放者都排放相同的温室气体。因此,一旦国际社会在温室气体排放峰值上达到一致,各个国家则应制定其自己的政策,计划如何与其人民一起节能减排。

简言之,应对气候变化应是全球责任,我们应在温室气体排放量责任分配上,兼顾曾经的"历史责任"问题,也要以现实中发达国家与发展中国家的能力差异为依据,划分清晰的责任分配,全球协力保护家园。为确保责任分配的公正,笔者认为责任分配应该根据国家能力来分配,而国家能力主要应参考这个国家现阶段的经济发展与能力,也应根据其人民的收入情况及其生活标准来裁定。根据不同的能力等级,则可以分配给国家间不同的责任任务,从而由国家制定出适合其人民的国家政策,全民减排,为全球节能减排的目标做出贡献。

四、中国承担国际责任积极行动

在应对气候变化问题上,中国的立场始终是鲜明而坚定的,主张坚持共同但有区别的责任原则、公平原则、各自能力原则,充分考虑发达国家和发展中国家不同的历史责任、国情、发展阶段和能力,平衡处理减缓、适应、资金、技术开发和转让、能力建设、行动和支持的透明度等要素。中国也是一个积极的践行者。中国是《联合国气候变化框架公约》首批缔约方之一,也是联合国政府间气候变化专门委员会(IPCC)的发起国之一。2007年6月,中国政府发布《中国应对气候变化国家方案》,全面阐述了中国在2010年前应对气候变化的对策。2008年10月，中国政府发布了《中国应对气候变化的政策与行动》白皮书，全面介绍中国减缓和适应气候变化的政策与行动，成为中国应对气候变化的纲领性文件。2009年11月，中国宣布到2020年单位国内生产总值二氧化碳排放比2005年下降40%—45%的行动目标，并将其作为约束性指标纳入国民经济和社会发展中长期规划。① 从数据上看，中国做出的减排承诺相当于同期全球减排量的约1/4。2013年中国单位国内生产总值二氧化碳排放比2005年累计下降28.56%，可再生能源发电机装机容量占全球24%，人工林保存面积居世界第一。② 2015年6月，中国向联合国气候变化框架公约秘书处提交了应对气候变化国家自主贡献文件，提出到2030年单位国内生产总值二氧化碳排放比2005年下降60%—65%等目标。这不仅是中国作为公约缔约方的规定动作，也是为实现公约目标所能做出的最大努力。近年来，中国不仅在本国环境治理、节能减排、发展绿色低碳技术等方面取得骄人成绩，在主动承担国际责任，积极参与国际对话，支持发展中国家应对气候变化，推动全球气候谈判、促进新气候协议的达成等方面也做出了积极贡献。

2015年10月18日，习近平主席接受路透社采访时谈道："气候变化是全球性挑战，任何一国都无法置身事外。"同时，他也指出："发达国家和发展中国家对造成气候变化的历史责任不同，发展需求和能力也存在差异。"习近平主席出席气候变化巴黎大会开幕式时，在题为《携手构建合作共赢、公平合理的气候变化治理机制》的讲

---

① http://news.china.com.cn/world/2015-11/28/content_37184433.htm, 2016/08/11.

② http://news.china.com.cn/world/2015-11/28/content_37184433_2.htm, 2016/08/11.

话最后呼吁道:"让我们携手努力,为推动建立公平有效的全球应对气候变化机制、实现更高水平全球可持续发展、构建合作共赢的国际关系做出贡献!"这应该是全球应对气候变化的理性立场:共同承担,能力区别,合作共赢。

多边外交：中国视角下的学术争鸣
——基于 CNKI 学术论文的内容分析（1985—2015）

林启林[*]

一、研究缘起

2016年9月5日，第十一届二十国集团领导人峰会在中国杭州圆满落下帷幕。作为全球经济治理领域最重要的会议之一，各国对 G20 杭州峰会寄予厚望，希望能够商讨出应对全球经济增长困境的有效对策。事实证明，这次多边会议没有沦为各国领导人的高级"清谈馆"，会议取得了有目共睹的成果。杨洁篪在接受媒体采访时表示，"峰会发表了《二十国集团领导人杭州峰会公报》和 28 份具体成果文件"。[①] 毫无疑问，G20 杭州峰会是中国继 2015 年北京 APEC 会议之后又一次在主场开展多边外交的经典案例。中美领导人

---

[*] 林启林，澳门大学社会科学学院政府与行政学系国际关系及公共政策文学硕士。

[①] "杨洁篪就二十国集团领导人杭州峰会接受媒体采访"，新华网，http://news.xinhuanet.com/world/2016-09/07/c_129272028.htm。（登录时间：2017 年 3 月 25 日）

在此次峰会中还进行了非正式会谈。

主办第十一届 G20 峰会只是中国在多边外交领域所取得的成绩之一。从 2001 年牵头成立上海合作组织（Shanghai Cooperation Organization，简称 SCO），为中亚地区的反恐事业贡献力量，到 2014 年、2015 年分别主导成立新发展银行（New Development Bank，即"金砖银行"）、亚洲基础设施投资银行（Asian Infrastructure Investment Bank，简称 AIIB），为发展中国家之间的合作、全球金融治理等领域注入了新鲜血液。通过积极参与地区多边组织的创设，中国持续开拓并巩固自己的多边外交事业。

学者孙仁柱（Injoo Sohn）回顾了中国于 1990—2007 年间在拉美、中东以及非洲等地开展的多边外交活动。例如，在拉美地区，中国分别与 Andean Community、the Rio Group、MERCOSUR 等地区

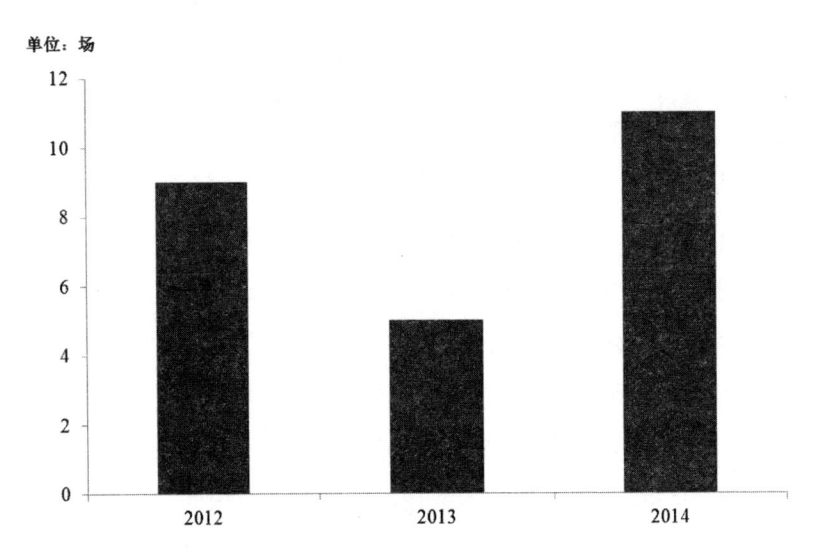

图 1　2012—2014 年中国举办多边峰会的情况

数据来源：阮宗泽：《中国梦的全球经纬》，中华书局 2015 年版，第 143 页。

表 1　2014—2015 年于中国举办的多边峰会

时间	多边峰会
2014 年 4 月	五核国会议
2014 年 5 月	亚信峰会
2014 年 6 月	国际信息和网络安全会议
2014 年 6 月	世界和平论坛
2014 年 6 月	和平共处五项原则发表 60 周年纪念大会
2014 年 11 月	APEC 组织领导人非正式会议
2015 年 1 月	中拉论坛
2015 年 3 月	博鳌论坛

数据来源:"'主场外交'成中国重要发声平台 1 年 8 场成绩如何?",人民网,http://politics.people.com.cn/BIG5/n/2015/0328/c1001-26763868.html。(登录时间:2016 年 8 月 5 日)

组织建立了多边咨询商讨机制;同时,中国还在该地区创立了新的多边论坛,如于 2004 年成立的中国—加勒比经济贸易合作论坛(China-Caribbean Economy and Trade Cooperation Forum)。而在中东和非洲,中国也分别建立了中国—阿拉伯国家合作论坛(China-Arab Nations Cooperation Forum)、中非合作论坛(Forum on China-Africa Cooperation,简称 FOCAC)。其中,中非合作论坛堪称中国对第三世界多边外交活动的标杆。这些地区多边组织具有四大特点:第一,以看得见摸得着的实际行动为依托,如中国通过中非合作论坛对非洲国家进行债务减免;第二,实质上是中国与一个由众多国家组成的"集群"的"双边"合作机制;第三,某些情况下会被认为透明度不足,例如中国对发展中国家的援助,但中国正以实际行动消除外界的有关疑虑；第四，共同体现了中国创立和扩张多层次跨国政府网络的努力。①

那么，作为一个重新崛起中的大国，中国为什么会如此积极地参与多边组织呢？孙仁柱认为，20世纪90年代后半期对亚洲国家"实验性"多边外交的良性结果构成了中国进入21世纪后积极参与建立多边主义、拓展多边关系的关键动因。②迈克尔·科尔马斯（Michal Kolmas）则认为，过去三十年里，如果说社会因素促进了中国多边外交初期的发展，那么近期的发展则更多地归结于工具性因素的推动。③在学术文章中提及类似观点的学者还包括王元康（Yuan-kang Wang）④、钟健平（Chien-Peng Chung）⑤、大卫·斯科特（David A Scott）⑥。

2012年以来，习近平总书记提出了"中国梦""亚洲梦""命运共同体"等概念，标志着中国多边外交政策进入了一个新的阶段。通过对"2013年中国对周边地区外交工作会议""2014年外交事务中央会议""中国梦""亚洲梦"亚洲基础设施投资银行、丝路基金、"一带一路"等一系列构筑中国新"周边外交"战略的重要事

---

① Injoo Sohn, "After renaissance: China's multilateral offensive in the developing world", *European Journal of International Relations*, Vol. 18, No. 1, 2011, pp. 77 – 101.

② Injoo Sohn, "After renaissance: China's multilateral offensive in the developing world", *European Journal of International Relations*, Vol. 18, No. 1, 2011, pp. 77 – 101.

③ Michal Kolmas, "China's Approach to Regional Cooperation: From Social Motivation to Instrumentalism", *China Report*, Vol. 52, No. 3, 2016, pp. 1 – 19.

④ Yuan-kang Wang, "China's Response to the Unipolar World: The Strategic Logic of Peaceful Development", *Journal of Asian and African Studies*, Vol. 45, No. 5, 2010, pp. 554 – 567.

⑤ Chien-Peng Chung, "China's Approaches to the Institutionalization of Regional Multilateralism", *Journal of Contemporary China*, Vol. 17, No. 57, 2008, pp. 747 – 764.

⑥ David A Scott, "Multipolarity, Multilateralismand Beyond …? EU-China Understandings of the International System", *International Relations*, Vol. 27, No. 1, 2013, pp. 30 – 51.

件、概念、项目的分析后,学者威廉姆·柯岚安(William A Callahan)认为,在习近平总书记的领导下,中国外交活动的重心将由以往的西方转向亚洲。中国的新周边外交战略将不仅仅局限于在亚洲范围内寻求双赢合作,还将被作为推广全球治理新思路的重要手段。① 学者杰拉尔德·陈(Gerald Chan)也将目光聚焦于中国与亚洲国家的关系。他着重分析了中国与东盟关系的高低起伏,并认为成员国内部关系紧密度的持续提升,已经促使中国对东盟外交更加具有多边主义的特点。②

多边外交是多边主义在实践层面的具体体现,而国内学者对于多边主义的讨论于 2000 年之后逐渐增加。③ 有研究指出,中国和欧盟在公共外交、世界格局的分析中使用"多边主义"一词所产生的效果并不相同。简单来说,"多边主义"概念的使用有助于中国树立正面的国际形象,而对于欧盟而言则有助于弥补其在多极化世界中生存的劣势。④ 同时,关于中国如何在南苏丹问题、⑤ 香格里拉对话(Shangri-La Dialogue)⑥ 等具体事例中将多边主义付诸实践的问题也

---

① William A Callahan, "China's 'Asia Dream': The Belt Road Initiativeand the New Regional Order", *Asian Journal of Comparative Politics*, Vol. 1, No. 3, 2016, pp. 226 – 243.

② Gerald Chan, "China Eyes ASEAN: Evolving Multilateralism", *Journal of Asian Securityand International Affairs*, Vol. 2, No. 1, 2015, pp. 75 – 91.

③ David A Scott, "Multipolarity, Multilateralismand Beyond …? EU-China Understandings of the International System", *International Relations*, Vol. 27, No. 1, 2013, pp. 30 – 51.

④ David A Scott, "Multipolarity, Multilateralismand Beyond …? EU-China Understandings of the International System", *International Relations*, Vol. 27, No. 1, 2013, pp. 30 – 51.

⑤ Nicola P. Contessi, "Multilateralism, Intervention and Norm Contestation: China's Stance on Darfur in the UN Security Council", *Security Dialogue*, Vol. 41, No. 3, 2010, pp. 323 – 344.

⑥ Nick Bisley and Brendan Taylor, "China's Engagement with Regional Security Multilateralism: The Case of the Shangri-La Dialogue", *Contemporary Southeast Asia*, Vol. 37, No. 1, 2015, pp. 29 – 48.

分别获得尼古拉·康特斯（Nicola P. Contessi）、尼克·比斯利（Nick Bisley）和布兰登·泰勒（Brendan Taylor）的关注。

有趣的是，一些海外学者在分析中国多边外交、多边主义活动相关议题时，并不局限于现实主义、自由主义以及建构主义等国际关系三大理论视角，还运用了认知反馈模型（Cognitive Feedback Model）、[1] 社会进化（social evolutionary approach）[2] 等理论框架来支撑论述。

回到中国视角，哪些机构、学者在关注中国多边外交？中国为什么需要开展多边外交？中国多边外交研究的重点有哪些？多边外交学术研究的理论源泉是什么？这些都是本文所关注的问题。通过运用内容分析法对国内学者就中国多边外交所撰写并公开发表的学术文章进行分析，本文旨在探索国内学者如何看待中国多边外交事业的发展，如何就关键议题进行争鸣，以及如何推动中国多边外交理论的发展。因此，本研究的意义不仅在于理清国内学者针对中国多边外交所进行的学术争鸣的脉络，还将在国家构建"新型大国关系"、实施"一带一路"倡议等背景下为中国多边外交事业的发展提供一些政策建议。

本文的主体分为三个部分：第一部分介绍数据收集、数据编码的方法；第二部分展现数据分析结果；第三部分针对数据分析的结果进行总结。

---

[1] Injoo Sohn, "After renaissance: China's multilateral offensive in the developing world", *European Journal of International Relations*, Vol. 18, No. 1, 2011, pp. 77 - 101.

[2] Gerald Chan, "China Eyes ASEAN: Evolving Multilateralism", *Journal of Asian Security and International Affairs*, Vol. 2, No. 1, 2015, pp. 75 - 91.

二、研究材料与方法

内容分析法常被用以分析媒体对某个议题的报道内容。尽管媒体的报道内容以文字为主，但通过对相关文本素材进行编码、归类就可以将文本量化，从而发掘媒体对某一社会、经济或者政治议题隐含的立场、议程等信息。丹尼尔·里费（Daniel Riffe）等学者在《Analyzing Media Messages: Using Quantitative Content Analysis in Research》一书中详细介绍了如何运用内容分析法分析媒体的报道内容。[①]

如前所述，国内学者公开发表的探讨中国多边外交的学术文章构成可供本研究分析的原始数据，而这些学术文章都是从目前国内最大型、使用最广泛的中文文献数据库——中国知网（China National Knowledge Infrastructure，简称CNKI）上下载的。具体而言，研究者以"多边外交"作为关键词，搜索该数据库中所有以该词作为标题的学术期刊文章。经过多次检验，研究者发现，搜索以"多边外交"作为标题的期刊文章可以得到较为全面、准确的数据。首先，研究者分别将"多边外交""中国多边外交""中国的多边外交"作为搜索关键词，发现以"多边外交"作为关键词就可以涵盖所有与中国多边外交相关的学术文章，而加上"中国"一词则会减少搜索结果，即存在遗漏文章的风险；第二，在"篇名"（即文章的标题）

---

① Daniel Riffe, Stephen Lacy, and Frederick Fico, *Analyzing Media Messages: Using Quantitative Content Analysis in Research*, New York: Routledge, 2014.

中搜索而不是"全文"中搜索有助于得到更加精确的结果。研究者发现在"全文"中搜索所得的结果不仅数量非常庞大,而且经抽查发现存在大量与"多边外交"主题不相关的文章。因此,受到时间、人力等条件的约束,再加上实践结果的支撑,本研究在"篇名"中搜索"多边外交"的学术期刊文章并不会使研究结果产生显著偏差。

最后,在剔除了用英文撰写的文章、新闻报道、人物传记、会议纪要、重复发表的文章、非中国学者撰写的文章、与"中国多边外交"的主题无关的文章后,得到的符合条件的学术文章数量为70篇,这就是本研究的样本数据框。

三、谁在关注"中国多边外交"相关议题

如图2所示,70篇样本文章中,最早的发表时间为1985年。2007年集中了最大的样本量(10篇),其次为2009年,样本量为8篇。2001年、2006年、2008年的样本量也分别超过了5篇。

这些文章的作者都来自哪些机构呢?70篇文章当中,有65篇文章注明了作者的所属机构(对于作者数量超过一位的文章,统计时只考虑第一作者的所属机构)。具体而言,由隶属于"高校"的作者发表的文章达到了50篇,占总样本量的比重为71.43%。值得注意的是,其中有3篇文章的作者来自军事类院校,分别是国防大学、军事经济学院以及装甲兵工程学院。

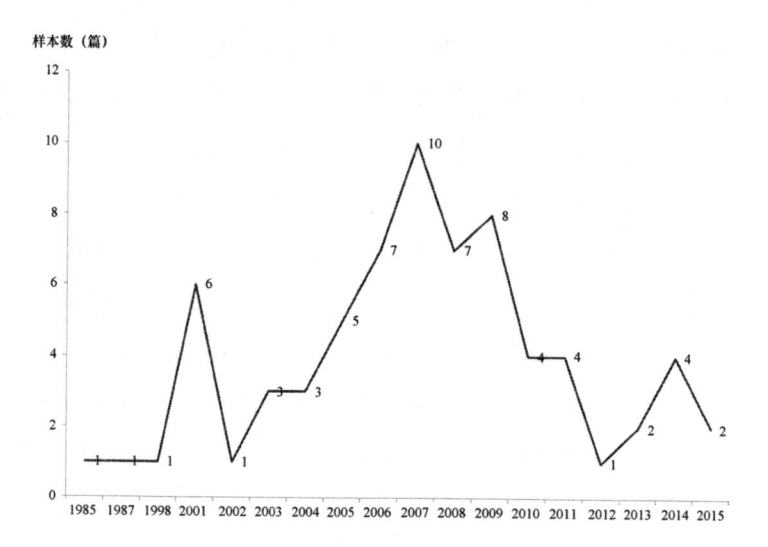

图2　样本文章的发表时间分布

资料来源：作者自行统计。

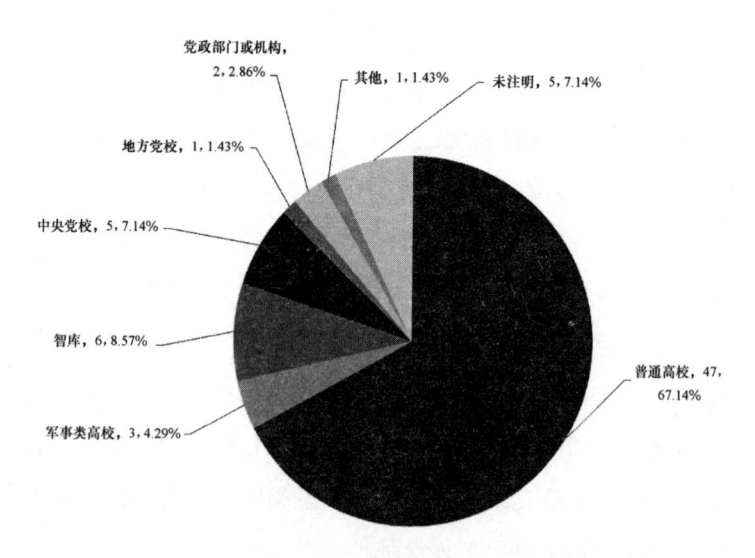

图3　样本文章作者所属机构的分布

资料来源：作者自行统计。

多边外交：中国视角下的学术争鸣 >>

来自老牌顶尖高校的学者对"中国多边外交"相关议题的关注情况如何呢？在由高校作者发表的这 50 篇文章当中，由来自北京大学、清华大学、中国人民大学、复旦大学的学者发表的文章篇数分别为 1 篇、1 篇、3 篇、2 篇。来自北京师范大学的学者发表的文章数量稍多一些，有 4 篇。另一方面，由来自以培养涉外人才著称的北京外国语大学、外交学院、国际关系学院的学者所发表的文章数量大致相当，分别有 2 篇、3 篇、2 篇。值得注意的是，来自新疆大学的学者一共发表了 7 篇文章，不仅是"高校"之冠，与其他非高校机构相比也是最多的。

与"高校"相比，由"智库""党校""党政部门或机构"的作者所发表的文章数量则处于较低水平。"智库"当中，以中国社会科学院的学者所发表的文章最多，达到了 3 篇。

从以上描述中不难发现，"高校"仍然是"中国多边外交"相关议题学术研究的核心阵地，而观念中的顶尖学府并不一定就是相关研究的高产田，一些普通高校往往能够成为黑马。这或许也说明不同级别院校对于"中国多边外交"的研究所投放的资源存在一定差异。

另一个重要的问题随之而来：不同学者对这一议题的关注度又是如何呢？统计结果显示，有 4 位作者发表的文章超过了 1 篇，他们是崔方（2 篇）、黄志雄（2 篇）、卢晨阳（3 篇）、庞森（2 篇）。除了庞森之外，其余三位作者都来自于高等院校。其中，北京师范大学发表的 4 篇文章中有 3 篇便来自于卢晨阳，其可谓中国多边外交研究的"高产"学者。

四、中国为什么需要"多边外交"

什么是"多边外交"？中国为什么需要"多边外交"？这些是学者普遍会在文章的开端提及并回答的问题。

（一）"多边主义"的定义

应该说，"多边外交"是"多边主义"的具体实践。当谈到作为舶来品的"多边主义"及相关概念的定义时，罗伯特·基欧汉（Robert Keohane）、约翰·鲁杰（John Gerald Ruggie，有的文章将其译作约翰·G. 拉吉）以及江忆恩（（Alstair Iain Johnston）是被频繁提及的三位外国学者。如图4所示，提及约翰·鲁杰的理论的文章占到了总数的22.86%，有15.71%的文章提及了罗伯特·基欧汉的理论，有10%的文章提及了江忆恩的理论。

进一步来看，钱文荣是最早引用约翰·鲁杰关于"多边主义"定义的学者，其相关文章发表于2001年。[①] 而最早明确提及罗伯特·基欧汉和江忆恩关于"多边主义"定义的学者是楚树龙（清华大学公共管理学院教授），其相关学术成果同样发表于2001年。[②] 根据楚树龙的阐述，对于"多边主义"的定义，罗伯特·基欧汉的观点

[①] 钱文荣："关于多边主义、多边外交的几点理论和政策思考"，《世界经济与政治》2001年第10期，第15页。
[②] 楚树龙："多边外交：范畴、背景及中国的应对"，《世界经济与政治》2001年第10期，第42页。

可以被定性为"形式论",他认为多边主义是在三个或三个以上的国家相互协调国家政策的实践。而约翰·鲁杰、江忆恩则是"观念论"的代表,他们将"多边主义"视为一种在三个或三个以上国家之间按照一些基本的行为准则来相互协调它们政策的机制。楚树龙总结道,"形式论"的定义主要关注参加外交活动的国家数目,而持"观念论"的学者则在国家数目的基础上强调共同的观念、原则以及机制。①

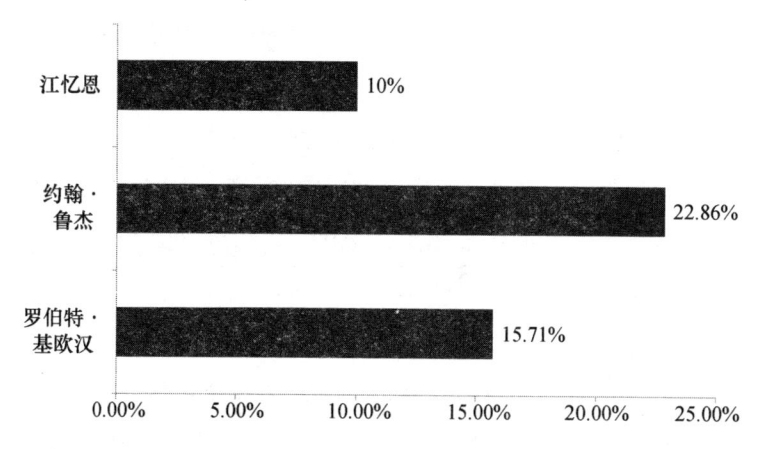

江忆恩 10%
约翰·鲁杰 22.86%
罗伯特·基欧汉 15.71%

图4 罗伯特·基欧汉、约翰·鲁杰、江忆恩的理论被引用的情况

资料来源:作者自行统计。

(二) 全球化、多极化与中国对"多边外交"的认识

当谈及"多边外交"兴起的大背景时,可以看到,"全球化""多极化"是被学者们频繁提及的两个词,分别有 64.29%、37.14% 的文章将"全球化""多极化"或"多极世界"作为论述

---

① 楚树龙:"多边外交:范畴、背景及中国的应对",《世界经济与政治》2001年第10期,第42页。

"多边主义""多边外交"兴起与发展的关键因素，而同时提及二者的文章也接近三成。王逸舟认为，多边主义的兴起与全球化的迅猛发展直接相关。[①] 同样地，郑启荣和孙洁琬认为，随着全球化的不断深入，多边外交日益受到各国政府的重视，多边外交活动日益活跃。中国作为国际舞台上一股重要的政治力量，其多边外交活动越来越多地受到人们的关注。[②] 金鑫也指出，多边外交的兴起是世界经济全球化、全球问题国际化在外交领域的具体体现。在相互依存程度日益加深和全球化加速发展的背景下，一国的国家利益和全球利益紧密相连，单凭一个国家的力量恐怕已无力解决恐怖主义、气候变化等全球性的问题，合作才是新的政治运作模式。[③] 他提倡，中国应该充分利用多边外交，推动多极世界的形成。[④] 来自中国社会科学院世界经济与政治研究所的沈骥如同时指出，多边外交是推动多极世界形成的有力手段。[⑤]

与"多极化"或者"多极世界"的论述相伴随的还有另一个关键词——"国际政治经济新秩序"（该词的表述众多，有时候也被称做"国际新秩序"，统计时都被视做同一概念）。据统计，共有28篇文章涉及这一概念，占总样本数的40%。在一定程度上，国际政治经济新秩序的本质可以等同于多极世界。例如，沈骥如提到，"包括中国在内的世界上大多数国家希望建立一个民主的、公正合理的

[①] 王逸舟："新世纪的中国与多边外交"，《太平洋学报》2001年第4期，第6页。
[②] 郑启荣、孙洁琬："论世纪之交的中国多边外交"，《当代中国史研究》2001年第6期，第53页。
[③] 金鑫："关于开拓新世纪我国多边外交工作的几点思考"，《世界经济与政治》2001年第10期，第37页。
[④] 金鑫："关于开拓新世纪我国多边外交工作的几点思考"，《世界经济与政治》2001年第10期，第38页。
[⑤] 沈骥如："多边外交和多极世界"，《世界经济与政治》2001年第10期，第22页。

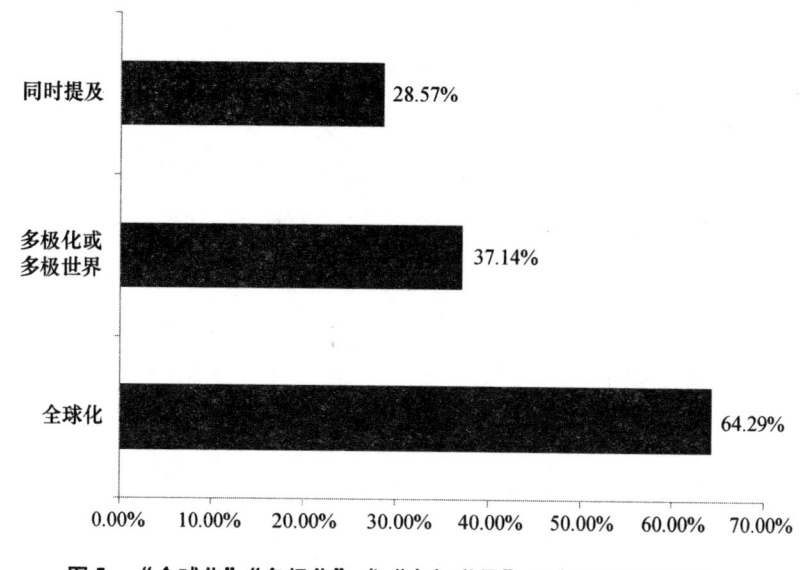

概念	百分比
同时提及	28.57%
多极化或多极世界	37.14%
全球化	64.29%

图5 "全球化""多极化"或"多极世界"概念被提及的情况

资料来源：作者自行统计。

国际新秩序——我们称之为多极世界格局"。[1] 其他学者包括汤炜、[2] 姜毅、[3] 庞森[4]也论述了中国对建立国际新秩序所付出的努力。

可以这么说，"全球化"被研究者视为"多边主义""多边外交"兴起的重要条件。而"多极化""多极世界""国际政治经济新秩序"则被用以论述中国发展"多边主义"、参与"多边外交"所

---

[1] 沈骥如："多边外交和多极世界"，《世界经济与政治》2001年第10期，第21页。

[2] 汤炜："1949—1989年中国多边外交的实践及其特点"，《国际政治研究》1998年第1期，第15页。

[3] 姜毅："中国的多边外交与上海合作组织"，《俄罗斯中亚东欧研究》2003年第5期，第51页。

[4] 庞森："改革开放与中国的多边外交政策"，《世界经济与政治》2008年第11期，第48页。

要取得的重要目标，以及世界政治经济发展的趋势。

从历史发展的角度出发，许多研究者在分析中国官方对"多边外交"认知的变化时，所得出的结论大致上是相似的，即中国对多边外交的认知和开展经过了一个由冷至热、从生疏到熟练的长期发展过程。具体而言，中国刚开始对"多边外交"是排斥的，而这在一定程度上是中华人民共和国刚成立时尚未消退的"左倾"思想的产物——有8篇文章提到了这一点。例如，郑启荣和孙洁琬提到，中华人民共和国最初受"左"的思潮的束缚，对不少国际组织和国际会议持十分消极的态度。[1]

随着改革开放的深入，中国对"多边外交"的态度也逐渐转变，越来越积极地参与到多边外交当中。实际上，研究者普遍认为，开展多边外交对中国具有重大的战略意义。一方面，可以为中国的发展谋求一个稳定的国际环境。认同这一观点的学者包括汤炜、[2] 郑启荣、[3] 姜毅、[4] 王文平、[5] 陈开和、[6] 赵绪生[7]等。另一方面，鉴于"中国威胁论"的长期存在——有18篇文章提到了这一概念（占总数的25.71%），部分学者明确指出多边外交的开展可以在一定程度上缓

---

[1] 郑启荣、孙洁琬："论世纪之交的中国多边外交"，《当代中国史研究》2001年第6期，第54页。

[2] 汤炜："1949—1989年中国多边外交的实践及其特点"，《国际政治研究》1998年第1期，第15页。

[3] 郑启荣、孙洁琬："论世纪之交的中国多边外交"，《当代中国史研究》2001年第6期，第58页。

[4] 姜毅："中国的多边外交与上海合作组织"，《俄罗斯中亚东欧研究》2003年第5期，第47页。

[5] 王文平："论新中国多边外交的历史演进与现实选择"，《沈阳农业大学学报（社会科学版）》2006年第12期，第644页。

[6] 陈开和："论我国在多边外交活动中的国际公共关系策略"，《外交评论》2007年第12期，第69页。

[7] 赵绪生："论江泽民的多边外交思想"，《中共石家庄市委党校学报》2008年第3期，第36页。

解甚至消除周边国家对于中国和平崛起的疑虑。例如，宋君毅认为，中国必须走出去参与世界事务，树立起一个负责任的大国的形象，使各国认识中国、理解中国，以和平崛起的身姿回击"中国威胁论"的负面论调。① 王耀东、张旭东也认为，向世界解释好中国的"和平崛起"，减少他国对"中国威胁论"的疑虑，塑造负责任大国的良好形象成为中国发展的重要任务。②

五、"多边外交"研究中的中国国家身份与"美国因素"

对于中国的国家身份定位与美国因素的论述在研究"多边外交"的文章中十分常见。对于前者，70篇样本文章中有50篇对中国的身份定位有所着墨。尽管将中国定位为"大国"在学术界是一件没有太大争议的事，但学者对于中国是一个什么样的"大国"则各有各的见解。有多达38篇文章（占总数的54.29%）给了中国至少两种身份定位。例如，王逸舟将中国同时定位为"正在崛起的大国"③"社会主义大国"④"发展中大国"⑤"仅次于美国和俄罗斯的太空大

---

① 宋君毅："多边外交：构建和平崛起的平台"，《中共天津市委党校学报》2005年第1期，第77页。
② 王耀东、张旭东："中国多边外交的发展与思考"，《党政论坛》2011年第9期，第41页。
③ 王逸舟："新世纪的中国与多边外交"，《太平洋学报》2001年第4期，第7页。
④ 王逸舟："新世纪的中国与多边外交"，《太平洋学报》2001年第4期，第7页。
⑤ 王逸舟："新世纪的中国与多边外交"，《太平洋学报》2001年第4期，第7页。

国"①"在全球安全领域负有重要责任的大国"②和"亚太地区一个举足轻重的大国"③等。

除了将中国定位为发展中大国、地区性大国之外,学者们还强调中国作为联合国安全理事国五大常任理事国之一的身份。有14篇文章提及了中国的这一国际身份。

另一方面,"美国因素"也是研究者的一个关注点。据统计,有41篇文章提及了与美国相关的议题,包括美国牵制中国的发展、美国实施霸权主义等,基本上都属于消极、负面的论述。

如何理解学者对中国的国家身份定位和对美国的形象、行为等方面进行的论述呢?一方面,尽管状语不同,但中国的"大国"身份是一种共识和集体认同。这种"大国"地位绝非凭空构建出来的,而是经过实践检验的结果。赵宗锋指出,从20世纪90年代中期开始,中国逐步明确自己作为"负责任的大国"的定位。④中国在1997年亚洲金融危机以及2008年全球金融海啸中的积极表现都向世界传递了这一正面形象。宋君毅在文章中指出,多边外交有可能为中国的和平崛起从根本上提供体制性的保障。⑤可以说,具有多重身份、多重实力正是中国开展多边外交的一个充分条件。

另一方面,学者们对于美国的定位在本质上仍然没有离开意识形态的范畴,这既是一种对社会主义与资本主义或多或少、有意无意的区分,也是一种从侧面对中国"发展中国家""社会主义国家"

---

① 王逸舟:"新世纪的中国与多边外交",《太平洋学报》2001年第4期,第7页。
② 王逸舟:"新世纪的中国与多边外交",《太平洋学报》2001年第4期,第7页。
③ 王逸舟:"新世纪的中国与多边外交",《太平洋学报》2001年第4期,第9页。
④ 赵宗锋:"多边外交:从认同到塑造",《中国青年政治学院学报》2009年第2期,第68页。
⑤ 宋君毅:"多边外交:构建和平崛起的平台",《中共天津市委党校学报》2005年第1期,第75页。

的身份进行确认的方式。正是由于中美两国之间在意识形态、国家实力等方面上的差异，中国才需要继续砥砺前行，积极参与多边外交，持续提升综合国力。

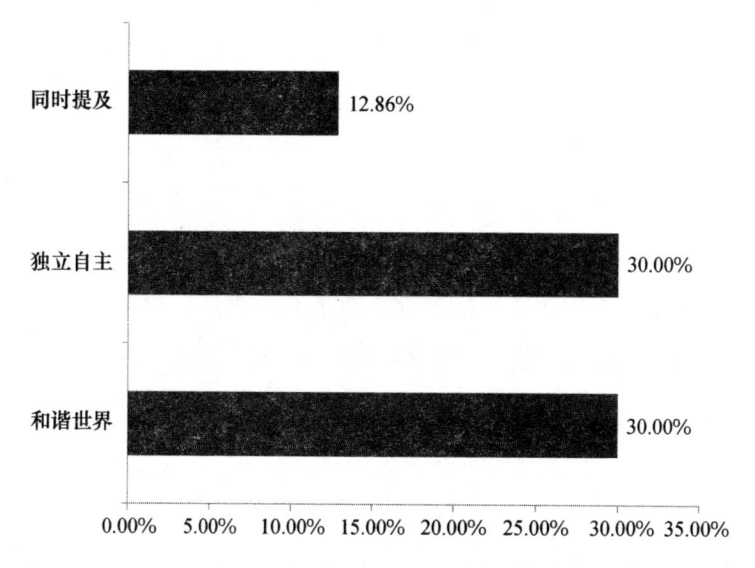

图6 "独立自主"和"和谐世界"概念被提及的情况

资料来源：作者自行统计。

值得注意的是，一些具有中国特色的"多边外交"概念也受到学者的关注。这些概念包括"和谐世界""独立自主"等，其中又以后者的历史最为悠久。分别各有20篇文章提及"和谐世界"以及"独立自主"这两个概念，有9篇文章同时提及二者。从理论层面上看，"和谐世界"的概念本质上是强调合作的，具有自由主义的特点；而"独立自主"则更多地是强调国家的主权独立与完整，这也是中国开展多边外交的基本准则。

六、联合国与中国多边外交

联合国是中国开展多边外交的重要平台,研究者对此也进行了充分的关注。据统计,有多达34篇文章涉及中国参与联合国的内容。对于当今的中国而言,联合国的重要性不言而喻。然而,如前所述,中华人民共和国成立之初由于受到"左"倾思潮的影响,对于参与联合国持比较消极的态度。改革开放之后,中国逐渐摆脱了思想桎梏,积极加入联合国等国际组织。[1] 另一方面,中国官方对维和行动这一之前与其所持外交理念有冲突的行为也逐渐转变态度,最后还成为联合国五大常任理事国中派出维和人员最多的国家。[2] 更重要的是,坚持"发展中国家"身份定位的中国通过联合国这一平台可以团结广大发展中国家,这一观点在王明进、[3] 张清敏[4]等学者的论述中有所体现。

除了联合国之外,另一个被高度关注的多边外交平台是上海合作组织,有29篇文章提及上海合作组织,而崔方[5]等学者的学术成

---

[1] 王明进:"中国对多边外交的认识及参与",《教学与研究》2004年第5期,第44页。

[2] 吴建民:"多边外交是构建和谐世界的平台——重新认识多边外交",《外交评论》2006年第4期,第13页。

[3] 王明进:"中国对多边外交的认识及参与",《教学与研究》2004年第5期,第45页。

[4] 张清敏:"冷战后中国参与多边外交的特点分析",《国际论坛》2006年第2期,第60页。

[5] 崔方:"上海合作组织:中国多边外交的成功模式",《宜春学院学报》2007年12月,第1—3页。

果则专门论述了上海合作组织对于中国多边外交事业的意义。可以说，上海合作组织是中国多边外交事业上的里程碑，是中国主导成立区域性多边组织的一次成功尝试。

七、中国"多边外交"学术争鸣的理论源泉

追溯中国"多边外交"学术争鸣的理论来源，又能够发现哪些重要信息呢？本研究对70篇样本文章进行仔细分析后发现，很多学者并没有在文章中清晰地指出其所运用的国际关系学理论基础，即现实主义、自由主义、建构主义，但是一些著名学者的学术成果以及中央领导人的思想路线则被频繁引用。国家领导人方面，邓小平和胡锦涛的政治思想被最多文章所引用，而秦亚青、王逸舟则成为研究者最频繁直接提及的国内学者。国外学者方面，除了上文已经提到的罗伯特·基欧汉等人，以提出"软实力"理论闻名的约瑟夫·奈（Joseph Nye）的学术成果也是研究者的重要理论源泉。

总之，经过多年的发展和积累，中国在外交上正展现出越来越多的自信，在多边外交上做出了更多史无前例的有益尝试，包括牵头成立亚洲基础设施投资银行，主办APEC会议、世界互联网大会、G20峰会等，让人们看到了中国多边外交事业的无限发展潜力。然而，我们也应该看到，多边外交并非解决所有涉外议题的灵丹妙药，例如多边外交便不能作为解决南海问题的有效手段。换言之，多边外交需要被进一步发展的同时，双边外交也是不能偏废的。目前从中国官方的外交活动来看，也是采取多边外交与双边外交灵活并举

的方式。

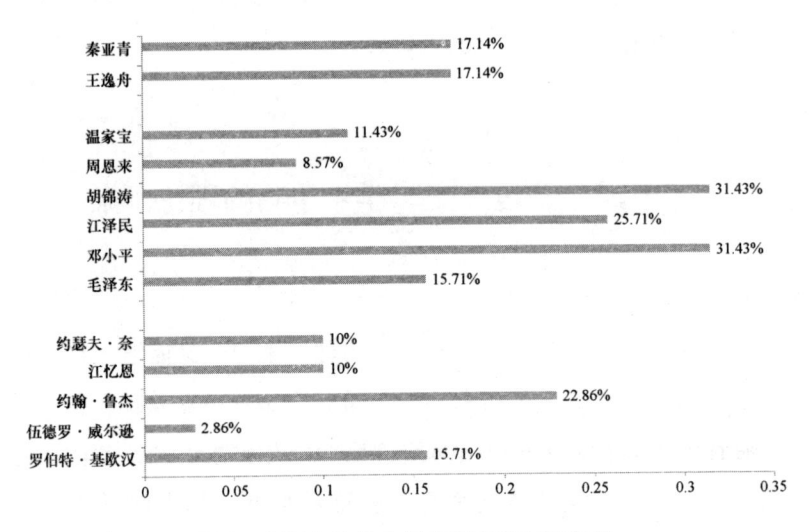

学者/人物	百分比
秦亚青	17.14%
王逸舟	17.14%
温家宝	11.43%
周恩来	8.57%
胡锦涛	31.43%
江泽民	25.71%
邓小平	31.43%
毛泽东	15.71%
约瑟夫·奈	10%
江忆恩	10%
约翰·鲁杰	22.86%
伍德罗·威尔逊	2.86%
罗伯特·基欧汉	15.71%

图7 中国多边外交学术研究的理论来源

资料来源：作者自行统计。

本文采用内容分析法对通过 CNKI 搜集得到的 70 篇学术性期刊文章进行分析，探索了哪些学者在关注中国多边外交相关议题、中国对多边外交认识的发展、中国的国家身份定位、中国多边外交研究的理论来源等问题。本文认为，国内学术界对于中国多边外交事业的研究与探讨贡献了不少可供借鉴的发展思路，然而已有的学术成果还可以继续拓展思路，丰富理论来源，以求能够创立属于多边外交领域的中国特色学术流派。

当前中国实施全方位多边外交的现实基础与战略构建

方晓志[*]

随着中国综合国力的不断增强和国际影响力的不断提高,中国陆续提出了一些新的外交理念、思路和观点,其中包括要与发达国家发展"新型大国关系",支持扩大发展中国家在国际事务中的代表性和发言权,重视增强"软实力",构建多元立体外交策略等。[①] 而随着中国的综合国力不断增长,国际地位不断提高,世界对于中国在国际事务发挥的作用期待值也越来越高。中国必须在外交实践中全面认识和思考各种战略关系,积极推动机制性安排与政策性协调相结合,以全方位多边外交为实践平台,在纷繁复杂的国际形势变迁中抢占最佳战略优势,夺取外交主动权。

---

[*] 方晓志,法学博士,解放军国际关系学院副教授,主要研究方向为国际战略与中国外交。

[①] 王毅:"探索中国特色大国外交之路",《国际问题研究》2013年第4期。

一、当前中国实施全方位多边外交的现实基础

中国实施全方位多边外交是多种因素综合作用的结果。在世界格局多极化和经济全球化的大趋势下，不断深化的新型大国关系为中国实施全方位多边外交提供了舞台，而独特的陆海复合型地缘位置也要求中国必须实施全方位多边外交；此外，不断增强的综合实力和影响力也使得中国有能力实施全方位多边外交。目前，中国已具有足够的实力和智慧处理世界各种力量关系，并在其间纵横捭阖，以维护中国国家利益，并实现中华民族的伟大复兴。

（一）不断深化的新型大国关系为中国实施全方位多边外交提供了舞台

大国关系指的是大国之间所处的一种相互影响和相互作用的状态，对国际关系格局的发展和国际秩序规则的制定具有决定性作用。从历史发展来看，大国关系在二战之前主要以"对立与战争"为主题、在冷战期间主要以"对峙与竞争"为主题。冷战结束后，大国关系又进入了以"竞争与合作"为主题的新时期。在前两个阶段中，大国关系处于革命性国际体系下，是一种传统的大国关系，而最后一个时期的关系，则是一种在稳定性国际体系下发展的"新型大国关系"。大国关系经历了十余年的磨合，彼此相互协调、相互借重、相互制衡，这种基本态势在当前和今后一个时期都不会发生重大改

变。近年来,随着国际形势的变化,大国之间牵制、反牵制的角逐明显加剧,大国间以条约、协议等形式寻求战略依托,构筑新型的双边关系。各大国不断加强各种务实性合作,在处理国际关系时把国家利益作为基本出发点,积极发展各种国际协调和多边机制。

随着大国关系的调整和新型大国关系的建立,中国的外交活动空间和战略回旋余地不断扩大。尽管国际社会曾一度质疑和担忧因中国崛起所带来的种种负面影响,但中国在发展过程中,并没有复制历史上传统的"国强必霸"大国崛起模式。根据十八大所确立的外交战略目标,中国将推动和建立一种长期、稳定和健康发展的新型大国关系,"我们将改善和发展同发达国家关系,拓宽合作领域,妥善处理分歧,推动建立长期稳定健康发展的新型大国关系"。[①] 目前,中国已将这一理念上升为国家意志,通过国家的大政方针和发展规划,落实在中国的发展进程中。近年来,中国积极稳固和拓展大国关系,实现了平稳过渡,取得了深度进展。中国在突出重点大国关系的同时,发展与世界上所有友好国家的合作关系,通过实施积极稳妥的全方位多边外交,既可历练高瞻远瞩的战略思维,又能根据形势变化,与时俱进地采取各种策略和手段。

(二) 逐渐增强的综合实力和影响力使中国有能力实施全方位多边外交

一个国家奉行怎样的对外战略与其国家实力和影响力密切相关。

[①] 王毅:"继往开来,努力构建中美新型大国关系:纪念中美建交35周年",《人民日报》2014年1月1日。

恰当地估量中国的综合国力，准确地定位中国在世界上的影响力，是中国制定对外战略的重要依据。所谓国家实力，主要是指国家所拥有的生存、发展以及影响外部世界的力量，它是物质力量与精神力量的统一，也是一国立足于世界民族之林的资本以及制定对外战略的基础。在考察国家实力时，我们既要做纵向的比较，更要做横向的比较，因为"一个国家的强盛程度只有在和其他国家相比较时才有实际意义"。① 从纵向来看，"从1978年到2015年的30多年间，中国的国内生产总值年均增长达10%，是同期全球经济年均增长率的3倍多，经济总量跃升到世界第二位，国家实力和经济社会调控能力显著增强"。② 从横向来看，目前中国成为世界第一出口大国、第二进口大国，也是世界第一大外汇储备国、第二大外资吸引国和重要的资本输出国。

从影响力来看，十八大提出了中国要构建和谐世界的世界梦构想，即"在大国关系上，弘扬平等互信、包容互鉴、合作共赢的新国际关系精神，建立长期稳定健康的新型大国关系；在发展中国家关系上，提出新的义利观，要促进第三世界国家的共同发展，对贫穷国家给予力所能及的帮助，有时甚至要重义轻利、舍利取义，绝不能唯利是图、斤斤计较"，③ 这使得中国在国际社会的地位和影响力不断上升，为中国实施全方位多边外交提供了坚实的后盾。

---

① ［美］迈克尔·曼德尔鲍姆著，刘寅龙译：《国家的命运——19世纪和20世纪对国家安全的追求》，军事科学出版社1990年版，第2页。
② 具体数据可参见国家统计局网站，http://www.stats.gov.cn/。
③ 李海龙、毕颖：" '新型大国关系' 的概念、依据和建构路径分析"，《石家庄经济学院学报》2013年第5期。

（三）先天独特的陆海复合型地缘位置要求中国必须实施全方位多边外交

"地理是战略的核心。"一个国家在进行对外战略选择时，一个能相对保持不变的考虑因素就是由地缘关系所决定的战略地位。美国学者迈克尔·曼德尔鲍姆指出："一国的地理位置是决定其外交政策的首要因素，也是它为什么必须有一项外交政策的根本原因。"[①] 罗伯特·帕斯特进一步分析道："地理上的客观事实是最强大的因素。一国可以更换其领导人或政治制度或经济政策，但无法改变自己的地理位置。因此，地理，或者说地缘政治长期以来一直是研究外交政策或世界政治的出发点。"[②] 中国学者则认为："无论在何种时候，地缘因素始终是影响国家安全与对外政策的本质因素。"[③]

中国是典型的陆海复合型国家，拥有广袤的国土、丰富的资源和独特的地缘战略地位，从近代以来就一直成为陆海强国争夺的对象。美国兰德公司的研究项目《中国大战略》认为："在欧亚大陆，中国是唯一与东北亚、东南亚、南亚、中亚及俄罗斯直接为邻的国家，其辽阔的幅员和独特的地理位置，使它成为能够严重影响美国

---

① [美]迈克尔·曼德尔鲍姆，刘寅龙译：《国家的命运——19世纪和20世纪对国家安全的追求》，军事科学出版社1990年版，第175页。
② [美]罗伯特·帕斯特编，胡利平、杨韵琴译：《世纪之旅——七大国百年外交风云》，上海人民出版社2001年版，第28页。
③ 陈乔之：《为我国发展争取良好周边环境，推动我国发展更多惠及周边国家》，《人民日报》2013年10月26日。

的全球性和地区性利益的地缘战略大国。"① 目前，中国的北部有正在不断复兴的俄罗斯，西南部有正在崛起的新兴大国印度，东南部有一体化进程不断加快的东盟，而东部则是对中国具有复杂心结的日本。特别是中日关系，需要以创新思维和广阔的战略视野来寻找利益汇合点，避免出现"鹬蚌相争、渔翁得利"的局面。此外，独特的地理位置特征也使得中国具有自身特有的地缘安全环境，"无论陆地还是海洋，中国都是一个大国，陆疆海域安全都需维护"。② 因此，从地缘战略角度看，实施全方位多边外交，倡导共同、综合、合作、可持续的安全观，营造良好的地缘安全环境，是中国对外战略一种合乎逻辑的必然选择。

二、当前中国实施全方位多边外交的战略构建

随着中国在国际上地位和影响力的不断增强，以及国家利益的不断深化和拓展，中国在制定对外政策时，需要处理好众多矛盾与重点矛盾之间的关系，包括战略发展方向、主要双边与多边关系以及与国家利益攸关的重点区域等。中国需要综合考虑各种因素，左右兼顾，均衡发展，在实施全方位多边外交的同时也要突出重点战略方向，以大国关系为经纬，以周边攸关地区为基石，不断拓展战略资源与战略纵深，最大程度地维护国家利益。

---

① [美] 迈克尔·斯温、阿什利·特利斯著，洪允息、蔡焰译：《中国大战略》，新华出版社 2001 年版，第 2 页。
② 马振岗："习近平主席外交战略新特点"，《人民论坛》2014 年第 5 期。

(一) 在实施全方位多边外交的同时突出重点战略方向

从历史来看,海洋是一个国家和民族走向繁荣和强大的力量源泉。这"有益于一个民族凭借海洋或者利用海洋强大起来","以海外贸易为核心,包括海军舰队和海外基地、港口等在内的海洋力量关系着国家兴衰"。① 一个国家要想真正获得发展,其生命主干线是海洋资源。这也是习主席提出建设"海洋强国"的根本原因。

中国既是陆权大国,也是海洋大国,换言之,即同时具备大陆国家和海洋国家的属性,因此在中国的发展过程中,积极发展海权和确保边疆安全被放到了同等重要的地位。

渤海、黄海、东海和南海等海区一起和台湾地区东侧的部分西太平洋海区构成了中国周边海域,处于欧亚大陆和太平洋之间,其地缘战略地位的重要性一目了然。此外,这些海域内还蕴藏着丰富的石油及其他矿产资源,事关中国国家安全和经济发展利益。因此,确保中国的海洋权益和战略安全利益,不可否认是中国对外战略的一项关键内涵。同时,在中国和平崛起的过程中,有部分国家始终不断挑衅中国的领土主权和海洋权益,并对中国实施战略围堵。为此,中国在外交上应首先实现"海上突破",不断推动中国与亚太地区及东印度洋、南太平洋国家关系的发展,以打破外部大国和某些海上邻国对我实施的联合"封锁"。

由于中国是海陆复合型国家,因此海权发展必须以陆疆安全为基础,西北方向的边疆安全对中国的稳定发展与和平崛起也有着重大的意义。从地缘位置来看,中国的边疆地区刚好位于麦金德所称

---

① 张炜主编:《国家海上安全》,海潮出版社 2008 年版,第 178 页。

的"心脏地带",战略地位极其重要。在这里,大国和地区性国家势力相互交织,各种利益碰撞冲突,直接关系着中国的边疆安全。为此,中国在外交上应"积极西进",重视北部、西部及西南部的边疆安全问题。中国不仅要走向远洋,建设强大的海上力量,而且更应该重视边疆安全,特别是西部、西北部和西南部的安全,从而确保边疆地区的安全和稳定,同时积极拓广拓深南亚、中亚、中东等与中国西部地区的关系,推进和塑造中国的战略纵深区和战略经济带,为中国未来的发展提供更为广阔的空间。

(二)在实施全方位多边外交的同时以大国关系为主要经纬

大国是中国外交的重点,在中国的外交政策中,最重要的优先考虑就是中国与世界主要大国之间的关系。从地位和作用来看,美国、俄罗斯、日本和印度这四个国家是对世界和地区事务中有着重要影响的大国,是塑造未来世界格局的主要力量,中国与这四国关系的发展状况在很大程度上决定着世界和亚太地区的安全格局未来走向。

首先,作为当今世界上最重要的双边关系之一,中美关系被视作中国对外关系的重中之重。"世界上最强大的发达国家——美国,与世界上人口最多的最大的发展中国家——中国的友好合作,怎样估量它的意义都不会过分。"[1] 中美关系的好坏,对中国与其他国家关系的稳定具有举足轻重的影响。目前,中美两国都在进行战略调整,两国所认定的战略机遇期不幸相互发生了冲突和碰撞。中国推测美国目前所采取的包括"亚太再平衡"在内的各项战略都

---

[1] 阎学通:"或可考虑改变'不结盟'战略",《领导文萃》2011年第21期。

是针对中国的，以通过围堵来达到遏制中国的目的；而美国则担心中国在发展和崛起后，会挑战美国在亚太甚至全球的霸主地位，并在赶上和超过美国后，将美国从亚太地区赶走。由此，两国都对彼此产生了较深的战略疑虑，并使中美之间产生了不可调和的结构性矛盾，如果处理不当，将会使两国关系雪上加霜。中美迫切需要解决两国之间的这种矛盾和猜疑。两国不能只是相互猜疑，而是应当履行自己作为世界大国的义务，不仅要分享国际权力，更要承担国际责任，解决全球发生的各种问题，从而为世界和平与发展做出积极的贡献，而解决这些问题的关键在于"双方能否做到趋利避害，形成对彼此的正确认知，从而避免战略误判、减少战略互疑"。[①] 因此，构建中美新型大国关系既有现实价值，也有历史意义。

其次，俄罗斯是中国周边外交中为数不多的有利性大国因素之一。中俄"这两个国家的外交政策及它们之间的相互关系既受全球国际关系总态势的深刻影响，又反过来对这种总态势起到巨大的整合和推动作用"。[②] 中俄关系的发展建立在对相互价值的判断上：第一，保证中俄边境地区的稳定和安全。中俄两国都需要营造睦邻友好的周边环境，若中俄再次交恶两国都无法忍受，中俄建立积极和充实的睦邻关系是唯一正确的选择。第二，积极发展经贸合作。中俄经贸合作的互补性极强，且有地理之便，两国都有加强经贸合作的动力与潜力。第三，在国际事务中相互合作。中俄都是联合国安理会常任理事国，在许多重大国际问题上持相同或相似的立场，中

---

① 张广昭、陈振凯："习近平：内政外交新思路"，《人民日报（海外版）》2013年4月5日。
② 薛君度、周荣耀主编：《面向21世纪的中欧关系》，中国社会科学出版社2000年版，第226页。

俄在国际舞台上有广泛的合作空间。第四，保证全球力量对比的均衡。随着美国对俄罗斯战略空间的不断挤压，俄罗斯将中国当做它保持力量对比均衡的一个重要砝码，也是争取大国地位的一个主要活动方向。同样，中国也可以利用俄罗斯因素，调整和促进对其他国家的外交，特别是可以依托中俄关系以增加对美外交的"砝码"。俄罗斯已经成为中国寻求全球战略力量平衡的一支重要力量。[①]

此外，日本和印度在中国处理大国关系中也占据着重要的地位。在中日关系方面，"两千年友好，五十年不幸，四十年曲折"是中日关系发展史最真实也是最精辟的总结。目前，中日关系受钓鱼岛主权争端、日本对侵略历史认识以及东海防空识别区等问题影响，陷入建交以来的最低点，两国战略互信严重受损。但是，中日两国地理上毗邻，又都是亚太地区的主要大国，因此两国关系必须从单纯的经济互利上升到政治互信和战略互惠，打破"经热政冷"甚至目前"经冷政也冷"的困境。在发展中印关系上，中国尊重印度作为南亚地区大国和新型经济实体的现实，并正确认识印度对于自身大国地位的追求和需求，同时积极把印度的崛起和"竞进均衡"转化为对中国发展周边国家关系有利的因素。此外，随着全球化趋势的发展，国际组织不断增多，功能不断扩大，多边外交也越来越成为中国外交战略所依赖的手段。联合国及其相关机构、二十国集团、金砖国家和上海合作组织都是中国实施多边外交的舞台。目前中国已将金砖国家组织整体纳入大国关系范畴，这是我外交战略的一个新的视角和突破点，也成为中国实施全方位多边外交的一个重要战略增长点。

[①] 杨洁篪："新形势下中国外交理论和实践创新"，《求是》2013 年第 16 期。

(三) 在实施全方位多边外交的同时以周边攸关区域为基石依托

周边地区是中国的安身立命之所、发展繁荣之基,在中国的外交战略中占据着特殊的地位,无论是从地理位置、历史渊源和现实利益来看,周边地区都对中国的安全和发展至关重要。周边地区是中国展现和平崛起良好形象、实现民族复兴伟大目标的首选出发点和归宿地,因此中国长期以来将发展与周边国家良好关系、建设"和谐周边"作为外交政策的优先方向。但是,由于历史和现实的因素相互交错,加之中国的崛起和综合国力的提升,周边国家对待中国的心态变得更加复杂。一方面,中国的经济强大会给周边国家带来红利,能够帮助和提高周边国家经济发展;但另一方面,周边国家又担心中国在强大后会"以大欺小",通过强大的辐射力影响和压制其发展。因此,各国在中国和平崛起过程中不断玩弄小动作,挑起各种事端,试图干扰中国的崛起与发展,从而使得中国与周边国家的关系时冷时热,难以平稳发展。

十八大以来,中国周边安全环境出现了新变化,中国在稳定其原有的周边关系基础上,进一步制定了"亲仁善邻、睦邻友好"的周边外交政策,并确定了与中国国家利益直接攸关的"六大周边区域",分别是"东北亚、东南亚、南亚、中亚、西亚和南太平洋地区"。[①] 中国一方面根据这六大区域的不同特点和重要性,有针对性地制定和完善了相关外交政策;另一方面把这六大区域视做一个在利益上高度攸关、在发展上相互促进的整体。为了带动这些区域的

---

① 金灿荣、王浩:"十八大以来中国外交的新理念和新特点",《湖北大学学报(哲学社会科学版)》2014年第3期。

共同发展，中国先后启动了"一带一路两廊"计划，几乎覆盖了所有六大区域，包括"丝绸之路经济带""21世纪海上丝绸之路"、孟中印缅经济走廊、中巴经济走廊等。此外，中国还与周边国家签署了500多项新的合作协议，为中国周边外交增添了新内容、注入了新动力。中国正在不断统筹这六大区域的合作关系，积极推进周边地区的和平与稳定，努力为实施中国全方位多边外交打造一个良好的示范平台。

总而言之，实施全方位多边外交是中国实现国家利益的最佳选择。与之前传统多边外交战略不同的是，新时期中国的全方位多边外交是建立在同时发展与所有战略力量关系的基础上，也就是说，中国在积极寻求与大国构建新型关系的同时，也没有忽视其他战略方向与重点，而是根据形势的需要积极发展与各战略力量的全面合作关系。随着全球化趋势的发展，国际组织不断增多，功能不断扩大，多边外交正越来越成为中国外交战略所依赖的手段。联合国及其相关机构、二十国集团、金砖国家和上海合作组织都是中国实施全方位多边外交的舞台。目前，中国将金砖国家组织也整体纳入大国关系范畴，这是中国外交战略的一个新的视角和突破点，也成为中国实施全方位多边外交的一个重要增长点。从本质上来看，中国的这种全方位多边外交原则反映了当前和平与发展的时代特征，而这一原则的正确运用将能使中国与世界各大力量打交道时取得更加主动和有利的地位，并在未来多极化的世界中发挥中国应有的作用。

"一带一路"视域下的南南合作困境突破

田敬瑜[*]

南南合作是发展中国家近 60 年来一直在追求的外交政策目标，如何加强南南合作，并使其多样化是发展中国家共同面临的一个挑战。1955 年的万隆会议标志着自主的南方登上国际舞台。60 年代，双边、次区域级和区域级的南南经济联系相继建立，不结盟运动和 77 国集团的成立标志着南方开始采取集体行动来追求共同利益。70 年代南南合作不断扩大，南方进入了一个充满自信和希望的年代。80 年代南方发展受挫，南北对话陷入僵局，但同时也证明了南南合作在发展中的重要性。90 年代，南南合作呈现出了地区集团化趋势加速发展、合作内容多样化、合作伙伴多元化等新的特点。进入 21 世纪后，南南合作领域逐步拓展，超越了传统互助模式，但仍然面临着许多问题。对于南南合作，各国已经投入了大量的人力物力，在政治和组织上做出了许多努力，克服了种种困难，虽然学到了许多经验，但是成效始终不尽如人意。由于发展中国家经济技术水平发展缓慢，以及政治、宗教和民族利益的冲突，大多数发展中国家间的区域经济合作已经陷入停滞。即使一些发展比较顺利的区域性

---

[*] 田敬瑜，华中师范大学政治与国际关系学院。

组织,其成果也并不在于南南经济合作,而是政治外交合作,或与区域外的北方国家之间的合作,例如东盟与非盟。现如今,人们正在力图采取更有效、更务实的途径来克服在南方内部建立桥梁方面的种种困难。

中国一直将自己视为发展中国家的重要一员,在南南合作中扮演着重要推动者角色。2013年中国提出的"一带一路"倡议涵盖经济贸易、金融投资、互联互通和人文交流等广泛议题,充分反映了"平等互利、注重实效、长期合作、共同发展"的南南合作原则。随着建设的推进,"一带一路"必将协助南南合作破解更多的现实困境,赋予南南合作新的时代内涵和战略意义,探索多元发展道路,实现务实发展成效。

一、当前南南合作的困境

(一)思维困境

按照经济区域一体化理论,各国在经济发展水平、地理距离以及文化上的接近有利于经济合作的进行。但发展中国家经济发展的差异性使得经济合作难于找到契合点。同时,发展中国家广布全球,很多国家之间距离遥远,文化差异很大,加大了经济合作的难度。此外,某些发展中国家之间由于历史原因,存在着一些矛盾和争议,降低了有关国家之间的互信,成为经济合作的障碍。如上所述,世界对南南合作的内涵及其多元化的合作方式仍然存在疑惑,传统南北合作的固有思维已经成为南方国家之间多元化合作的障碍,世界需要进行一个重要的思维转变。南南合作是对南北合作的有益补充,是在为当今世界修筑桥梁,而非围墙。差异为合作增加了难度,但也为优势互补创造了条件。南南合作日益兴起,我们需要摒弃一些既成的观点,真诚地拥抱多元化的合作。

(二)联系困境

一切发展中国家之间的经济关系与合作广义上都属于南南合作。但发展中国家和地区有一百余个,分布在广阔的亚非拉地区,可能的合作领域遍及经济的各个方面,这使得合作宽泛、松散,难于深入。合作常发生在许多相互分散割裂的层次上,通过许多互不关联的项目展开,呈现出全面开花、不得要领的状态,这意味着南南合作仍缺乏体系化的支持框架。近年来全球经济增速放缓,发展中国家经济困难,深入合作的难度更为加剧。在中国,政府大力鼓励企业"走出去",但面对国外的广阔天地,企业不知应走向何方,"走出去"容易盲目、草率。中国同亚非拉、太平洋地区乃至欧洲的发展中国家都有广泛的经济关系与合作,但并未找到将这些关系整合起来的有效途径。虽然南南合作包容一切可能的合作形式,并不强调完全的制度化、机制化,但总需要有合适的机制和平台,在平台基础上,有点有面,从某个地区、某种形式入手,以点带面推动合作的全面发展。

(三)利益困境

南南合作意在正和,而非零和,只有互惠才能使合作方关系更为稳固持久。南南合作是基于参与方的共赢观念开展的,参与方被南南合作的潜在利益所吸引,但一旦实施起来,将会遇到很多障碍与问题。"从商业利润上讲,这种共赢的利益难以立竿见影,战略政策不会产生短期而明显的利益,这很可能会导致投资方的犹豫与怀疑。"① 如何将各种南南合作形式的发展红利最大化是关乎经济利益的重要问题。从政治方面而言,南南合作可能会与其他大国的地缘政治利益发生冲突,如何进行平衡是关乎各方政治利益的关键问题。

(四)平等困境

南南合作被认为是一种水平横向关系。国家与国家应是合作伙伴,而不是传统的捐赠者和接受者的关系。但是,现实中由于权力结构和能力差异等因素,南方国家间的合作关系并不是完全平等的合作伙伴关系。发展中国家如何提高合作能力,塑造更加平等的合作伙伴关系,是更好地参与南南合作要面临的重要问题。

二、"一带一路":南南合作新模式

(一)"一带一路"倡议与南南合作的内生联系

首先是对象契合。"一带一路"横贯欧亚大陆、西太平洋和印度

---

① 巴殿君、朱振恺:"论'一带一路'战略内涵、风险及前景——以国际关系为视角",《湖北社会科学》2015 年第 10 期,第 40 页。

洋，以中国为中心，辐射的国家范围广泛，是当今世界上跨度最长、发展潜力最好的经济大走廊。根据现有文献研究的关于"一带一路"沿线国家所做的分类及沿线国家对中国倡议的回应及其政策意向，这片广大区域从地理上界定为东南亚、南亚、中亚、西亚中东和中东欧地区的64个国家（未含中国）。① 这一区域属于发达经济体的国家共有12个，主要分布在中东欧地区。虽然不少石油输出国家的人均收入都达到发达国家水平，但其国民收入主要依赖石油出口，因而通常不将其划归到发达国家。也就是说，沿线国家大多属于发展中国家和转型经济体，与南南合作对象十分契合。按照"一带一路"倡议的框架思路，其合作内容涵盖经济贸易、金融投资、基础设施建设、能源合作、周边外交和人文交流等广泛议题，均与南南合作有契合之处。

其次是理念契合，"一带一路"倡议强调中国与沿线发展中国家共商、共建，突出以"共享型合作"构建南南命运共同体，是在经济全球化背景下对南南合作新模式的积极探索。"共商、共建和共享原则是对'平等互利、注重实效、长期合作、共同发展'的南南合作原则的升华，充分体现了南南合作平等开放的特点，所有'一带一路'的参与国都是平等的受益者，各国政府、国际组织、非政府组织都可以参与其中。"②

---

① 周五七："'一带一路'沿线直接投资分布与挑战应对"，《改革》2015年第8期，第40页。
② 孙靓莹、邱昌情："'一带一路'建设背景下的南南合作：路径与前景"，《广西社会科学》2016年第2期，第137页。

（二）"一带一路"倡议对南南合作的创新

"一带一路"倡议涉及经济、外交、基础设施建设、区域治理等诸多方面，突破了仅局限于经济贸易领域的传统南南合作形式，开辟了一条与南方国家合作共赢的新思路，必将对南南合作的进程产生重要影响。

由于各个国家都有自己的发展战略，在建设中为了能够实现与各国的共商、共建和共享，中国提出将"一带一路"倡议的规划与成员国的发展战略进行对接。这个全新的操作路径，将带动更多的国家和地区共同参与。"一带一路"倡议并非仅为中国绘制对外经贸合作的蓝图，它具有鲜明的南南合作特点，始终秉持开放、包容的合作方式。"这种对接的前提在于在主权平等的基础上相互尊重和相互理解；对接的内容在于不同国家在发展观念、体制机制、基础设施和优势产业等多方面的相互融合；对接的基本途径在于在合作的过程中相互支持；对接的主要目标在于发现和扩大彼此领域的交汇点，以实现共赢。"①"'一带一路'沿线国家或地区人均国民生产总值仅为5050美元，不到世界平均水平的一半，区内大多数是发展中经济体，其中人均国民生产总值在1万美元以下的国家达35个，人口近40亿。"② 因此，通过坚持"共商、共建、共享"原则，积极推进沿线国家发展战略的相互对接，中国可以带动提升沿线区域各国的交流合作水平，促进这些国家的经济社会发展，打造命运共同

---

① 张贵洪、邱昌情："'一带一路'建设与南南合作创新"，《复旦国际关系评论》2015年第1期，第10页。
② 隆国强："扎实推进'一带一路'合作"，《国家行政学院学报》2016年第1期，第20页。

体、利益共同体和责任共同体,为地区和平与稳定奠定基础。

中国的"一带一路"倡议尝试带动 60 多个国家参与,是系统化推进南南合作的一个很好案例。2015 年 3 月 28 日,习近平在海南博鳌亚洲论坛发表主旨演讲时指出:"'一带一路'不是要替代既有地区合作机制和倡议,而是在现有基础上推动沿线国家实现战略对接。"① 在"一带一路"倡议的规划中,凡是有意愿参与合作的国家和地区都可以成为"一带一路"的成员,各成员国之间都是平等的。"在平等协商、互利共赢的前提下,积极推动与沿线国家签署'一带一路'合作谅解备忘录或编制双边合作机制,细化共建'一带一路'的方案和路线图,搭建符合沿线国家目前发展要求和未来发展方向的合作机制与平台。"② 另外,在处理"联系"问题上,"一带一路"合作机制将与既有多边合作机制相互衔接,形成相互兼容的制度化南南合作网络。"一带一路"沿线新兴经济体众多,对接各国发展战略将激发合作潜能,扩大"一带一路"参与国的积极性,从而为南南合作搭建互利共赢的新平台。

(三)"一带一路"倡议面临的风险

自提议之初,"一带一路"倡议就面临着机制重叠、利益竞争、政治风险等诸多问题。"一带一路"沿线已经存在诸多由不同的地区大国倡议和主导的地区和跨地区经济合作机制。该倡议辐射欧、亚、

---

① "习近平出席博鳌亚洲论坛 2015 年年会开幕式并发表主旨演讲",http://news.xinhuanet.com/finance/2015-03/29/c_1114795331.htm。(登陆时间:2016 年 8 月 5 日)

② 孙靓莹、邱昌情:"'一带一路'建设背景下的南南合作:路径与前景",《广西社会科学》2016 年第 2 期,第 137 页。

非广大地区，美、日、俄、印在相应地区都有重大利益和影响，中国在推进"一带一路"的过程中必然会与它们相遇，产生竞争，甚至遭遇各种干扰、反对、阻挠和排斥。另外，近年来由于政治动荡、政权更迭、政策调整等因素，中国在墨西哥、缅甸、泰国和斯里兰卡的一些项目均遭遇了许多挫折和损失。同时，"一带一路"还面临着政策和制度缺乏协调性、各国经济发展的侧重点不同、多数国家建设资金缺乏、沿线地区投融资平台及机制建设滞后等诸多问题。

三、突破困境："一带一路"与南南合作的共同进化

就倡议而言，"一带一路"已经为南南合作提供了许多破除困境的途径，但事实上"一带一路"自身也面临着许多问题，为了使"一带一路"对南南合作的创新能够落实、行之有效，"一带一路"与南南合作应当探索协同的共同进化，相互依托，相互补充。随着建设的推进，"一带一路"必将协助南南合作破解更多的现实困境，南南合作的进化也将有利于化解"一带一路"建设风险。

新时期的南南合作需要有新的工作抓手、新的工作内容，需要转型升级，推动更多的中国企业走出去。2015年习近平在南南合作圆桌会上发表讲话，阐述了新时期南南合作的四项倡议，强调要把南南合作事业推向更高水平，即"致力于探索多元发展道路；致力于促进各国发展战略对接；致力于实现务实发展成效；致力于完善

全球发展架构"。①

（一）探索多元发展道路，突破思维困境

中国的经济发展和"一带一路"倡议的提出给其他南南合作的国家提供了基础设施建设和发展的机遇。其实中国能为南南合作国家带来的最重要的贡献并不是对外投资和产业结构转型的机会，而是"怎样结合自己的优势来发展经济"、务实发展、务实转型的思路。如果能将这种思路与当地发展实际结合起来，将会为南方带来巨大的发展机遇。然而，对中国来说，将自身的想法有效地传递给外部世界一直是个不小的挑战，这里面有语言障碍的问题，也有将概念化倡议转化为具体思路的问题。"一带一路"倡议从诞生伊始就是个开放包容的倡议，因此培育相互信任对倡议取得成功至关重要。中国也需要更多地倾听周边邻国的意见，实现更好的沟通，增进了解和信任。此外，如前所述，世界对于南南合作的内涵以及其多元化的合作方式仍然存在疑惑，传统南北合作的固有思维已经成为南方国家之间多元化合作的障碍。

要进行思维的转变，突破思维困境，有赖于"民心相通"建设与南方意识的共同进化。在许多发展中国家，公众对于与其他发展中国家进行合作的支持很少。这是由于政府很少进行系统性的行为，向公众解释建立南南关系的原因及意义。由于这种缺失，公众对于南南关系缺乏了解，所以更倾向于向北方国家靠拢，继续寻求同北方的关系，视之为推动发展的媒介，而忽视了南方国家之间关系的

---

① "负责任大国形象的新诠释"，http://theory.people.com.cn/n/2015/1023/c40531-27731199.html.（登陆时间：2016年8月5日）

重要性。要在发展中国家之间建立联系,就应该扩大南方信息的交流。应当在所有发展中国家里、在包括社会各阶层的更广泛范围内,积极促进将南南合作作为一项战略目标来接受。民众的支持和参与是南南合作基础的关键组成部分,因此应当特别提高发展中国家人民的南方意识,加强他们对南方的信念,和互相间的信任,以及对南南合作的承诺,使南方意识发展成为所有发展中国家特有的精神气质的一部分。对南方的历史和价值观念,以及影响到南方当代进程的各种事件的研究,应当在第三世界的教育中占据重要地位。不过,摒弃既成的观点和做法往往是一个非常痛苦的过程,这需要智库、高校、研究机构等进行辩论,并对许多概念进行厘清,对南南合作的贡献多加分析和分享。

(二) 促进各国发展战略对接,突破平等与联系困境

虽然南南合作被认为是一种水平横向关系,但是现实中由于权力结构和能力差异等因素,南南合作并不是完全平等的合作伙伴关系。为促使所有南方国家提高充分调动全球社会和私有部门的能力,我们应致力于帮助发展中国家提高合作能力,塑造更加平等的合作伙伴关系。

首先,尽管南南合作的进展仅仅依靠政治因素是远远不够的,但是政治因素在开展合作的起步阶段仍具有极为重要的意义。在历史上,南方最高政治领导人的意愿与承诺,被证明是合作成败的关键。如今正处在"一带一路"的起步阶段,重视政治因素,发展同南方国家间的关系,拓宽信息交流渠道,将起到一定的风险规避作用。"一带一路"的"共商、共建、共享"原则也是从政治方面奠定了平等的基础:各成员国之间发展战略对接,不存在一方干涉另

一方的发展的问题，是在平等协商的基础上互惠共赢，并非一国对另一国的援助，不是捐赠者与接受者的关系。

其次，南南合作不能只依靠政治上的领导人的意愿，长期有效的合作应当是符合各方发展实际的。促进各国的发展战略对接正是为了打破传统零散分立的合作模式，旨在共同构建一个合作框架，切实推动合作各方的发展，而非空中楼阁，要吸取南南合作以往的经验教训，突破联系困境。当前中国已经成为世界第二大资本来源国，每年为世界其他国家提供投资1000多亿元，并且仍在呈现不断上升的趋势。中国正在寻求进行产业结构的转型升级，向外释放产能，这将为"一带一路"的成员国带来交通、建筑等基础设施的投资，填补发展中国家的基建缺口。应当说，中国与"一带一路"上的发展中国家之间存在互补性，能够形成紧密的经济联系，成员国之间的合作不会是孤立的、分散的，加之中国本身经济实力也在增长，"一带一路"倡议将会展现出不同于传统南南合作的全新面貌。

另外，"一带一路"倡议可以与2030年可持续发展议程进行对接。"一带一路"倡议与2030年议程理念相通、目标一致，相互对接有助于中国与沿线国家增信释疑，增强"一带一路"倡议的国际吸引力，提升中国参与南南合作的水平，帮助中国在新的国际发展治理体系乃至整个全球治理架构中获得更多话语权和影响力。同时，两者的对接也有利于形成对中国企业落实可持续发展理念的外部约束，促使中国企业履行好社会责任。

（三）实现务实发展成效，突破利益困境

南南合作的一个主要缺陷是在国际上及许多国家都存在着组织机构薄弱、缺乏制度化的技术支柱的问题。大多数为促进合作而设立的各种政府间机构缺乏专业性的支柱及资金来源，解决这一问题有赖于"资金融通""设施联通"与南方资金基础的共同进化。"我们要以互联互通、产能合作为突破口，发挥亚洲基础设施投资银行、金砖国家新开发银行等新机制作用，集中力量做成一批具有战略和示范意义的旗舰和精品项目，产生良好经济、社会、环境效应，为南南务实合作增添动力。"[①] 同时，应当寻求南南合作基金为"一带一路"提供资金支持，实现各种南南合作形式的发展红利最大化。"一带一路"为南南合作创造了新的区域合作机制，提供了新的产能合作平台，建立了新的融资机制，这对发展合作的管理者提出了新的技能要求。例如，南南合作包括了贸易、投资、技术转移等等，传统合作的专家能够管理好 ODA（政府开发援助），但对贸易、投资、发展等并不一定有很好的理解和管理经验。这需要南北专家一个共同学习和互相学习的过程，以便充分整合利用发展资源。

  具体来看，要突破利益困境，需要脚踏实地，务实发展，不能急于求成，要结合当地发展实际，有针对性地开展合作。例如，"一带一路"沿线国家大部分是发展中国家，城市基础设施如道路、交通枢纽、垃圾污水处理、发电站、居民住宅等普遍存在不足或陈旧落后，因而新建或改扩建需求巨大。中国拥有不少具备世界一流水准的企业，完全可以为"一带一路"沿线城市提供相关服务。如今"一带一路"已进入将倡议转化为项目的新阶段，重点在于规划并加以实施。对于"一带一路"项目的具体实施，除了政府直接投资以外，还可以鼓励采取 PPP（公私合营）合作模式，使企业政府和社会主体建立起利益分享、风险共担、全程合作的命运共同体的关系，

---

① "习近平在南南合作圆桌会上发表讲话"，http：//cpc.people.com.cn/n/2015/0928/c64094-27641151.html.（登陆时间：2016年8月5日）

使得政府与企业联合起来,加快城市的建设。任何项目的成功都需要东道国政府确保基本的有利环境,企业在做出项目决策之前,都需要进行详尽的风险评估,以便妥善应对安全和其他风险。当然,好的互联互通建设项目也会促进本地区稳定。

总之,南南合作在突破了传统模式之后,仍然面临着许多困境,如思维、平等、利益、联系等问题,中国的"一带一路"倡议是解决南南合作困境的一个突破性尝试,为南南合作提供了新的发展点,但目前还面临着许多现实问题。为突破南南合作困境,实现发展需求,南南合作与"一带一路"应当实现共同进化,相互补充,相互支持,为构建更为合理、平等的全球新秩序提供全新的路径选择。

中国的联合国外交

——新一届政府在联合国各类发言的文本分析

彭 霄[*]

中国的联合国外交，指中国政府为实现其对外政策目标，以联合国为平台进行的对外活动。自1971年重新加入联合国以后，中国历届政府都十分重视联合国和联合国外交。[①] 2016年7月7日，习近平主席在北京会见时任联合国秘书长潘基文时指出："当前中国同联合国合作不断深化。作为联合国安理会常任理事国和最大的发展中国家，中国将继续做联合国的坚定支持者、维护者、参与者。"[②] 外交部部长王毅也曾指出："中国坚决维护联合国的地位和权威，支持联合国根据形势发展变化不断革新完善，期待联合国在国际事务中发挥更大作用。中国愿意深化同联合国的合作关系，更加积极地参与联合国各领域工作。"[③] 中国在联合国的外交活动十分庞杂，但其

---

[*] 彭霄，博士，解放军外国语学院讲师。
[①] 可参见"国际社会高度评价习近平主席在联合国系列峰会提出的政策主张"，新华网，2015年9月29日，http://news.xinhuanet.com/world/2015-09/29/c_1116716389.htm。
[②] "习近平会见联合国秘书长潘基文"，《人民日报》2016年7月8日，第1版。
[③] 王毅："站在新起点上的中国——在第68届联大一般性辩论上的发言"，新华网，2013年9月28日，http://www.zj.xinhuanet.com/newscenter/InAndAbroad/2013-09/28/c_117547343.htm。

形式以参与多边会议为主,在这些会议上,中方代表一般都会进行正式发言。中方在这些会议上的正式发言信息丰富,立场权威,因此可以作为中国联合国外交研究的一个很好的切入点。我们通过"中华人民共和国常驻联合国代表团"网站,以及"百度"搜索引擎,共收集到新一届政府(2013年1月1日至2016年7月31日)联合国官方发言全文稿433份(其中国家主席发言稿4份、外交部长发言稿8份,通过"百度"搜索获得)。我们主要采用文本分析方法,拟从发言人员、发言场所、发言主题、发言表述和发言成效等方面对发言稿进行综合研究,以求准确、全面把握新一届政府联合国外交的概貌和突出特点。

一、发言人员

从发言人员的统计情况来看(参见表1),自2013年以来,中方在联合国的发言次数逐年增加,特别是国家主席在联合国多次发言,可见新一届政府对联合国的重视程度不断增加。2015年9月26—28日,习近平主席在美国纽约出席联合国成立70周年系列峰会,先后4次发表重要讲话。常驻联合国代表和副代表发言次数最多,他们是中国联合国外交的主力军。他们平均2—3天就会参加一次会议并发言,再加上会前的准备工作,其外交工作的辛劳程度远非一般工作能比。

表1 发言人员统计表

	2013年	2014年	2015年	2016年（1月至7月）
国家主席			4	
总理		1		
副总理		1		
外交部部长	4	4		
外交部副部长			1	2
常驻联合国代表	34	67	65	46
常驻联合国副代表	36	47	58	17
其他外交官	13	16	11	6
合计	87	136	139	71

资料来源：根据"中华人民共和国常驻联合国代表团"网站和"新华网"网站相关网页整理。

二、发言场所

从发言场所的统计情况看（参见表2），中方的发言在安理会最多，占据每年发言总数的一半以上，这与中国是安理会常任理事国的身份有关，也反映出安理会日常讨论了大量的国际事务；在联合国大会的发言也比较多，事实上联合国大会设有6个主要委员会，中方在各个委员会均有发言记录；除在联合国机构以外，中方还在许多"其他"场所进行了发言，例如联合国可持续发展高级别政治论坛、科技创新促进可持续发展多利益攸关方论坛、联合国妇女地位委员会多利益攸关方论坛等。可见，中方全面参与了联合国各部门机构的活动。

表2　发言场所统计表

	2013年	2014年	2015年	2016年（1月至7月）
联合国大会	17	33	21	5
联合国安全理事会	49	73	78	55
联合国经济及社会理事会	2	3	2	1
国际法院				1
联合国专门机构	9	10	14	3
其他	10	17	24	6

资料来源：根据"中华人民共和国常驻联合国代表团"网站和"新华网"网站相关网页整理。

三、发言题目

我们对发言题目按照议题、问题的不同进行了分类（部分发言同时讨论了多方面的问题，或者难以简单归入特定议题，则不予归类讨论）。从发言题目统计情况看（参见表3），地区热点议题占据了相对多数，特别是阿富汗问题、巴以问题、科索沃问题和乌克兰问题等均发言超过10次以上，地区热点议题下的发言一般都在安理会进行；国际安全议题和发展、社会与人权议题也有较多发言频次，前者一般在安理会进行，后者一般在联合国二委、三委进行。从发言题目还可以看出，中方的发言涵盖了非常广泛的议题和问题，这必然需要庞大的智力资源予以支持，中国常驻联合国代表团复杂的机构设置也佐证了这一点（参见表4）；绝大多数发言题目并不直接关涉中国自身,而是主要涉及其他国家和地区;中国的联合国外交忠实服务于新一届政府在联合国大会上宣示的对外政策目标——"中国将坚定不移地推进以联合国为核心的全球治理体系变革"和"中国将坚定不移地履行应尽的国际责任和义务"。①

表3 发言题目统计表

议题	问题	专题发言次数	合计	发言场所
非洲地区热点议题	苏丹达尔富尔问题	2	1	安理会
	利比亚问题	3		
	刚果（金）问题	1		
	索马里问题	5		
亚洲地区热点议题	朝鲜问题	1	37	
	阿富汗问题	11		
	叙利亚问题	8		
	伊朗问题	5		
	巴以问题	11		
	伊拉克问题	1		
欧洲地区热点议题	科索沃问题	11	40	
	波黑问题	8		
	乌克兰问题	21		
美洲地区热点议题	海地问题	6	6	
国际安全议题	维和行动问题	14	40	
	建设和平委员会问题	6		
	反恐问题	9		
	武装冲突中保护平民问题	11		

---

① 王毅:"站在新起点上的中国——在第68届联大一般性辩论上的发言",新华网,2013年9月28日,http://www.zj.xinhuanet.com/newscenter/InAndAbroad/2013-09/28/c_117547343.htm。

续表

议题	问题	专题发言次数	合计	发言场所
发展、社会与人权议题	发展援助问题	23	31	联大二委、联大三委
	人权事务问题	6		
	预防犯罪和禁毒问题	2		
裁军与军控议题	国际核不扩散问题	3	9	联大一委
	小武器与轻武器问题	6		
法律与条约议题	法律与条约问题	25	25	联大六委
联合国改革议题	安理会改革问题	5	5	联大

资料来源：根据"中华人民共和国常驻联合国代表团"网站和"新华网"网站相关网页整理。

表4 中国常驻联合国代表团的机构设置

机构名称	工作职能
政治组	负责联合国安全理事会、联合国大会、托管理事会、建设和平委员会所处理的政治议题
经济组	负责联合国大会、联大二委、经社理事会等所涉及的经济、金融及可持续发展议题
社会组	负责联合国大会、联大三委、经社理事会等所涉及的人权和社会发展领域的议题以及中方竞选联合国机构的总协调
发展组	负责联合国大会、经社理事会、发展援助机构、发展合作论坛关于发展援助业务、人道主义救灾援助、多边经贸合作等议题的审议
科技组	负责科技领域的议题，中国与联合国的科技合作，以及通过联合国机构开展的多边科技合作

续表

机构名称	工作职能
法律组	负责联合国大会第六委员会及其他法律议题
裁军组	负责联合国框架内的军控、裁军与防扩散相关事务
行财组	负责联大行政和预算委员会（五委）、方案和协调委员会的会议活动及缴纳联合国摊款
联工组	主管联合国涉及中国的人事工作，负责联合国人力资源管理、共同制度等议题
军参团	参与联合国军事参谋团会议和活动，出席联合国维和出兵国会议及活动
新闻组	负责联合国新闻委员会、联大四委新闻议题以及与中国常驻联合国代表团日常工作相关的新闻工作
办公室	负责中国常驻联合国代表团的行政事务

资料来源：转引自"中华人民共和国常驻联合国代表团"网站。

四、发言表述

纵观四百多份发言稿的文字表述，有三个比较集中而突出的特点：一是，始终遵循、反复重申中国政府的外交原则和国际关系理念。和平共处五项原则是中国政府规划和发展对外关系的基石，新一届政府的发言在论述各地区热点问题、武装冲突中保护平民问题、维和行动问题、反恐问题等时，反复提及和平共处五项原则的具体条款（参见表5）。另外，在联合国成立70周年系列峰会期间，习近平主席首次全面阐述"五位一体"打造人类命运共同体的总布局和总路径，此后"五位一体"新型国际关系理念在中方的发言中被频繁提及（参见表6）。

表5 提及和平共处五项原则关键词的发言统计表

关键词	发言次数
尊重……主权……领土完整	93
互不侵犯	1
不干涉内政	10
平等互利	21
和平共处	13

资料来源：根据"中华人民共和国常驻联合国代表团"网站和"新华网"网站相关网页整理。

表6 提及"五位一体"新型国际关系理念的部分发言题目

常驻联合国副代表吴海涛大使在科学、技术、创新推动可持续发展多利益攸关方论坛部长级对话会上的发言	2016年6月7日
常驻联合国代表刘结一大使在国际法院70周年庆典上发表的致辞	2016年4月20日
常驻联合国副代表吴海涛大使在安理会索马里问题通报会上的发言	2016年4月19日
常驻联合国代表刘结一大使在第70届联大全会关于巴勒斯坦问题和中东局势的发言	2015年11月24日
常驻联合国代表刘结一大使在第70届联大地中海难移民问题会议上的发言	2015年11月20日
常驻联合国代表刘结一大使出席77国集团大使级会议的发言	2015年11月17日
常驻联合国代表刘结一大使在第70届联大全会审议秘书长关于联合国工作报告时的发言	2015年10月14日
常驻联合国副代表王民大使在第69届联大"促进容忍与和解：构建和平、包容的社会和打击暴力极端主义"高级别专题辩论会上的发言	2015年4月21日

资料来源：根据"中华人民共和国常驻联合国代表团"网站相关网页整理。

二是，发言内容的表述框架具有较大相似性。新一届政府的发言，对于完成一件具体的事务，一般都基于"原则、目标、手段"三段论式样的内容框架进行表述，体现了中方有的放矢、严谨务实、着眼战略规划的特点和风格（例证参见表7、表8）。

表7　常驻联合国代表刘结一大使关于第70届联大议题66（a）非洲发展新伙伴计划：执行进展情况和国际支持、66（b）非洲境内冲突起因和促进持久和平与可持续发展的发言

坚持……原则	提出"真、实、亲、诚"四字方针和正确义利观 坚持平等相待、团结互信、包容发展、创新合作等四项原则
设立……目标	进一步提升中非务实合作水平
采取……手段	推进产业、金融、减贫、生态环保、人文交流、和平与安全等六大合作工程，完善中非合作论坛这一重要平台 我们着力加强同非洲在基础设施建设、制造业等领域的产能合作，帮助非洲破解发展瓶颈，提升非洲自主发展能力。我们着力帮助非洲建立完善公共卫生体系，针对埃博拉疫情向有关非洲国家提供了总价值超过1.2亿美元的援助，派遣1200余名医疗人员和专家，创造了新中国历史上应对国际公共卫生危机时间最长、覆盖面最广、规模和力度最大的援助记录。我们着力建设中非和平安全伙伴关系，是安理会常任理事国中向非洲派遣维和人员最多的国家

资料来源：根据"中华人民共和国常驻联合国代表团"网站相关网页整理。

表8　常驻联合国副代表王民大使在第69届联大四委审议联合国维和行动问题的发言

坚持……原则	在开展维和行动过程中，应尊重当事国的主权，重视当事国的关切，保持客观、中立，全面配合并支持国际社会解决冲突和争端的努力

续表

设立……目标	全面推进政治进程，实现民族和解，稳定安全局势
采取……手段	改进维和行动的资源管理水平，合理调配资源 有关各方应从技术装备、人员培训等多方面入手，提高维和行动履行授权的能力和水平

资料来源：根据"中华人民共和国常驻联合国代表团"网站相关网页整理。

三是，在发言中巧妙、含蓄地阐释中国政府在相关问题上的既往作为。这样做既向国际社会展示了中国负责任大国的良好形象，也向国际社会提供了"中国智慧、中国方案"以供参考借鉴，发挥了示范作用与榜样作用。[1]

五、发言成效

新一届政府的联合国外交紧密服务于中国的对外政策目标，其具体成效至少体现为三个方面：一是，弘扬中国理念与智慧。自2013年以来，从"五位一体新型国际关系理念"到"正确义利观"，从"巴勒斯坦问题四点主张"到"促进男女平等和妇女全面发展四点主张"（参见表9），新一届政府在联合国舞台上不断"发出中国

---

[1] 2013年9月27日，中华人民共和国外交部长王毅在第68届联大一般性辩论上的发言时提出："我们将发出中国声音，贡献中国智慧，提出中国方案，体现中国作用，努力为国际社会提供更多公共产品。"参见《站在新起点上的中国——在第68届联大一般性辩论上的发言》，新华网，2013年9月28日，http://www.zj.xinhuanet.com/newscenter/InAndAbroad/2013-09/28/c_117547343.htm。

声音，贡献中国智慧，提出中国方案"，不仅丰富和发展了《联合国宪章》，也为很多现实问题，例如全球性挑战、地区热点、多边合作等提出了可行的解决办法，并得到国际社会的高度肯定与评价。① 2016年7月，时任联合国秘书长潘基文在访华期间谈到："中国对联合国事业做出了突出贡献，为促进全球可持续发展、应对气候变化发挥了重要的领导作用。习近平主席在出席联合国成立70周年系列峰会期间就维和行动、南南合作提出了重要理念和具体倡议，对相关领域国际合作产生了重大影响。"②

表9 习近平主席在联合国提出的部分新理念、新主张

	内容表述	在联合国提出情况
五位一体新型国际关系理念	我们要建立平等相待、互商互谅的伙伴关系 我们要营造公道正义、共建共享的安全格局 我们要谋求开放创新、包容互惠的发展前景 我们要促进和而不同、兼收并蓄的文明交流 我们要构筑尊崇自然、绿色发展的生态体系	习近平主席：《携手构建合作共赢新伙伴 同心打造人类命运共同体——在第七十届联合国大会一般性辩论时的讲话》，2015年9月28日

---

① 国际社会对中国联合国外交的肯定与评价，可参见"国际社会高度评价习近平主席在联合国系列峰会提出的政策主张"，新华网，2015年9月29日，http://news.xinhuanet.com/world/2015-09/29/c_1116716389.htm。

② "习近平会见联合国秘书长潘基文"，《人民日报》2016年7月8日，第1版。

续表

	内容表述	在联合国提出情况
正确义利观	大国与小国相处,要平等相待,践行正确义利观,义利相兼,义重于利	习近平主席:《携手构建合作共赢新伙伴 同心打造人类命运共同体——在第七十届联合国大会一般性辩论时的讲话》,2015年9月28日
巴勒斯坦问题四点主张	第一,应该坚持巴勒斯坦独立建国、巴以两国和平共处这一正确方向。第二,应该将谈判作为实现巴以和平的唯一途径。第三,应该坚持"土地换和平"等原则不动摇。第四,国际社会应该为推进和平进程提供重要保障	2013年5月6日,习近平主席在北京会见巴勒斯坦总统阿巴斯时首次提出。此后,中方在联合国谈及巴以问题时反复提及
促进男女平等和妇女全面发展四点主张	第一,推动妇女和经济社会同步发展。第二,积极保障妇女权益。第三,努力构建和谐包容的社会文化。第四,创造有利于妇女发展的国际环境	习近平主席:《促进妇女全面发展 共建共享美好世界——在全球妇女峰会上的讲话》,2015年9月27日

二是,彰显大国担当与影响。2013年9月27日,中国外交部部长王毅在第68届联大一般性辩论上提出:"中国将坚定不移地履行应尽的国际责任和义务。"除每年按时缴纳联合国会费,主动贡献维和经费和派遣维和人员以外,[①] 新一届政府还就支持联合国各领域工作,推进世界和平与发展事业宣布了一系列新的重大举措。2015年10月14日,中国常驻联合国代表刘结一大使在第70届联大全会发言时提出:"中方将加入新的联合国维和待命机制,为此率先组建常备成建制维和警队,设立8000人规模的维和待命部队;中方将设立'南南合作援助基金',首期提供20亿美元,支持发展中国家落实2015年后发展议程;中方将向妇女署捐款1000万美元,在今后5年内帮助发展中国家实施100个'妇幼健康工程'。中方决定设立为期10年、总额10亿美元的中国——联合国和平与发展基金。"[②]

三是,助力世界和平与发展。近年来,新一届政府更加主动、建设性地参与处理国际和地区热点问题,劝和促谈,消弭战端,有力地维护世界的和平、稳定与安宁(参见表10)。

[①] 2016年2月,中国缴纳联合国会费1.96亿美元,分摊比例为7.9%,位居第三位;2013—2015年,中国贡献联合国维和经费15.6亿美元,占联合国维和经费总额的6.6%,2016年至2018年将提高至10.2%,进而位居第二位;2016年4月,中国派遣联合国维和人员3042名。

[②] "常驻联合国代表刘结一大使在第70届联大全会审议秘书长关于联合国工作报告时的发言",中国外交部网站,2015年10月14日,http://www.fmprc.gov.cn/web/dszlsjt_673036/t1306026.shtml。

表10 部分地区热点问题态势

	中方立场（摘自2014年9月27日，王毅部长在第69届联合国大会一般性辩论上的发言）	问题现状（摘自中方就相关问题在联合国的最新发言）
苏丹达尔富尔问题	南苏丹冲突双方应该立即停火，从南苏丹人民的整体利益出发积极开展政治对话，在伊加特的斡旋下，与国内各族各派一道，尽快达成公平合理的解决方案，实现全国和解与民族团结	中方赞赏苏丹政府致力于推进全国对话，维护达尔富尔和平稳定，促进经济发展，成功举行达区公投。2016/06/29
朝鲜问题	六方会谈仍是解决朝鲜半岛核问题的唯一现实有效途径。尽快推动重启六方会谈是当务之急。应通过全面平衡解决各方关切，把朝核问题纳入可持续、不可逆、有实效的对话进程	当前朝鲜半岛局势敏感脆弱，中方希望各方坚持对话协商解决问题的正确方向，共同推动早日重启六方会谈，并行推进半岛无核化与停和转换进程。2016/04/04
阿富汗问题	中国支持"阿人主导、阿人所有"的和平进程。国际社会应履行对阿富汗国家和人民的承诺与责任	近来，阿富汗安全形势趋于恶化。阿富汗境内冲突与恐怖袭击事件频发，造成大量平民伤亡。阿富汗民族团结政府为维护国家稳定，促进经济发展，推进国家重建做出不懈努力，但阿富汗全面实现经济社会发展，全民享受和平红利仍任重道远，需要阿富汗各界共同努力和国际社会持续支持帮助。2016/03/15

续表

叙利亚问题	中国敦促叙利亚各方各派立即停火止暴,全面配合联合国的人道主义援助行动,尽快终结无辜民众遭受的苦难。我们敦促叙利亚各方各派从本国前途命运和人民整体利益出发,拿出政治意愿,积极支持联合国秘书长及其特使的斡旋努力,下决心走一条借鉴国际和地区有益经验、符合自身国情、兼顾各方利益的中间道路,给和平以机会	近期,叙利亚部分地区特别是阿勒颇地区冲突加剧,造成大量平民、医疗和人道救援人员伤亡,中方对叙利亚人民遭受的苦难感同身受。2016/05/04
伊朗问题	伊朗核问题谈判进入了关键阶段。各方都应拿出诚意,本着互相尊重、平等协商、互谅互让的精神,再努一把力,啃掉"硬骨头",尽早达成一项公正、平衡、共赢的全面协议	伊核问题历经十余年,几经波折,终于取得政治解决的成果。达成全面协议,维护了国际核不扩散体系,伊朗方面做出了不发展核武器的政治承诺,同时协议给予伊方和平利用核能的正当权利,伊与各方的关系也翻开了新的一页。2015/07/20
巴以问题	中国呼吁以色列和巴勒斯坦实现持久停火,敦促以色列解除对加沙地区的封锁,停止修建定居点。同时,以色列的合理安全关切也应得到尊重。我们希望以巴双方坚持和谈这一战略选择,尽早恢复并推进和谈	当前,巴以和谈深陷僵局,双方冲突加剧,安全形势恶化。2016/01/26

续表

伊拉克问题	中国支持伊拉克维护国家主权、独立和领土完整的努力。伊拉克成立新政府是一个重要契机。希望伊拉克政府带领人民本着包容与和解精神，共同致力于国家的建设与发展	
乌克兰问题	我们欢迎和支持明斯克停火协议，敦促乌克兰各方切实执行，并通过政治对话和谈判寻求全面、持久、平衡的政治解决方案	在一段时间内，乌克兰东部局势总体保持稳定，停火局面大体得到维持。最近，乌克兰东部局势再度恶化。2015/06/05

资料来源：根据"中华人民共和国常驻联合国代表团"网站相关网页整理。

中国的联合国与可持续发展研究的重点、问题与展望[*]

席桂桂[**]

一、联合国和中国是可持续发展规范的积极倡导者

联合国是可持续发展规范的积极倡导者和推动者。1972年，罗马俱乐部提出的关于世界趋势报告——《增长的极限》中认为，如果目前人口和资本的快速增长模式继续下去，世界就面临着一场"灾难性的崩溃"。在当年举行的"联合国人类环境会议"上，建立了联合国环境规划署，它今天仍然是最重要的全球环境保护机构。各国政府普遍接受了可持续发展观念，1983年联合国大会成立了联合国世界环境发展委员会（布伦特兰委员会），主席以"持续发展"为基本纲要，制定"全球变革日程"，让人们紧迫地认识到一种新的

---

[*] 本文是四川外国语大学青年科研项目"'一带一路'战略下中国对中东阿拉伯国家经济外交研究"的阶段性成果。
[**] 席桂桂，法学博士，四川外国语大学国际关系学院副教授。

发展观——这种发展在保护一切发展所依赖的环境资源的同时，能够确保当代人和子孙后代的经济利益。该委员会在 1987 年提交给联合国大会的报告中提出了"可持续发展"的概念，作为完全以无节制的经济增长为基础的发展观的替代观点。1992 年，联合国环境与发展大会在里约热内卢召开，可持续发展观念被确定为大会的指导方针，并指出：可持续发展是当前人类发展的主题。通过了《里约环境与发展宣言》（又称《地球宪章》）和《21 世纪议程》两个可持续发展纲领性文件。2002 年联合国环境与发展大会在约翰内斯堡召开，此次会议的主题为世界可持续发展首脑会议。2012 年"Rio + 20"首脑峰会上，通过了名字为《我们期望的未来》(The Future We Want) 的最后成果文件，成为未来世界可持续发展的指导性文件。2015 年 9 月，世界各国领导人在一次具有历史意义的联合国峰会上通过了 2030 年可持续发展议程，该议程涵盖 17 个可持续发展目标，于 2016 年 1 月 1 日正式生效。这些新目标适用于所有国家，因此在接下来的 15 年内，各国将致力于消除一切形式的贫穷，实现平等和应对气候变化，同时确保没有一个人掉队。

中国作为联合国成员，积极参加到联合国可持续发展议程的进程中，并发挥着重要的作用。中国政府积极参与到联合国几次地球峰会中，主动邀请发展中国家参加发展中国家环境与发展部长级会议，积极协调发展中国家之间的观点和立场，就解决全球环境与发展问题交换意见。中国政府派出国务委员和国务院总理等高级别代表参会，阐述了建立新的全球伙伴关系的基本原则。在谈判遭遇僵局时，中国政府与"77 国集团"密切合作，推动谈判照顾到发展中国家利益，积极推动发达国家和发展中国家在资金、技术转让等关键问题上达成协议。

里约环境与发展大会结束后，1994 年中国政府组织 50 个部委共同编制了《中国21世纪议程》，制定中国持续发展战略，构筑了一个中国实施可持续发展战略的纲领和基本框架，确立了中国21世纪可持续发展的总体战略框架和各个领域的主要目标。① 这是世界上第一个国家级的可持续发展议程。1994年，以讨论通过《中国21世纪议程》的国务院第16次常务会议为标志，中国可持续发展战略最终确立。②《中国21世纪议程》是制订中国国民经济和社会发展中长期计划的指导性文件，同时也是中国政府认真履行1992年联合国环境与发展大会文件的原则立场和实际行动。③ 1996年3月第八届全国人大第四次会议把可持续发展正式确定为中国今后经济和社会发展的两大基本战略之一，可持续发展战略从此正式成为中国的一项长远发展战略。

中国政府先后提出了一系列可持续发展理念，1995年12月5日江泽民同志在中央经济工作会议上讲话时指出："积极推进经济增长方式从粗放型向集约型的根本性转变"；2002年党的十六大提出"建立环境友好型、资源节约型社会"；2003年10月，党的十六届三中全会明确提出"科学发展观"，要"坚持以人为本，树立全面、协调、可持续的发展观"。2007年10月，党的十七大对科学发展观的内涵做了精辟的概括，并提出了建设"生态文明"的重大命题。2015年，国家发改委印发《2015年循环经济推进计划》，倡导"循环经济"；中共十八大提出"美丽中国"的概念，提出要把生态文明建设放在突出地位，低碳经济发展是实现生态文明的重要保证。

---

① 甘师俊："《中国21世纪议程》：我国实施可持续发展战略的纲领"，《中国人口·资源与环境》1993年12月第3卷第4期。
② 崔海伟：《中国可持续发展战略的形成与初步实施研究（1992—2002）》，中共中央党校博士学位论文，2013年，第81—82页。
③ 崔海伟：《中国可持续发展战略的形成与初步实施研究（1992—2002）》，中共中央党校博士学位论文，2013年，第93页。

这一系列中国可持续发展国家发展战略和方针的提出，既是对联合国可持续发展规范的呼应，也激发了中国公众的环境保护意识和热情。学界对可持续发展议题研究的兴趣大增，研究领域更为深入，研究方法更为科学。

二、当前联合国与可持续发展问题研究的重点

1992年里约环发大会后，中国学界开始了对可持续发展问题的关注。随着中国政府参与联合国可持续发展进程日益深入，与可持续发展相关的研究在数量上出现了阶段性井喷现象。笔者借助中国知网数据总库，以"联合国"与"可持续发展"为主题进行搜索，共搜到1341条结果。[①] 从图1中可以看出，学界关于联合国与可持续发展问题的研究呈现阶段式增长。

第一个井喷期在1998年，共发表相关文章24篇；第二个井喷期在2003年，共发表文章35篇；第三个井喷期在2007年，共发表相关文章72篇；第四个井喷期在2012年，这之后保持了更高的增长率。2012年中国学界发表的与联合国与可持续发展相关的文献共111篇，到2016年达到171篇，预测2017年比2016年有更多的发表量。这种阶段式爆发增长的特点，很能说明中国联合国与可持续发展问题研究受国际与国内形势的深远影响。

---

① 遴选标准：在中国知网学术总库中，以"联合国"及"可持续发展"为主题、以1990—2017年为时间段，勾选中国学术期刊网络总库与中国学术辑刊全文数据库，勾选社会科学I辑不包含英文扩展，进行搜索，得出相关数据后，剔除简讯、报导、记实、访谈，得出统计样本。

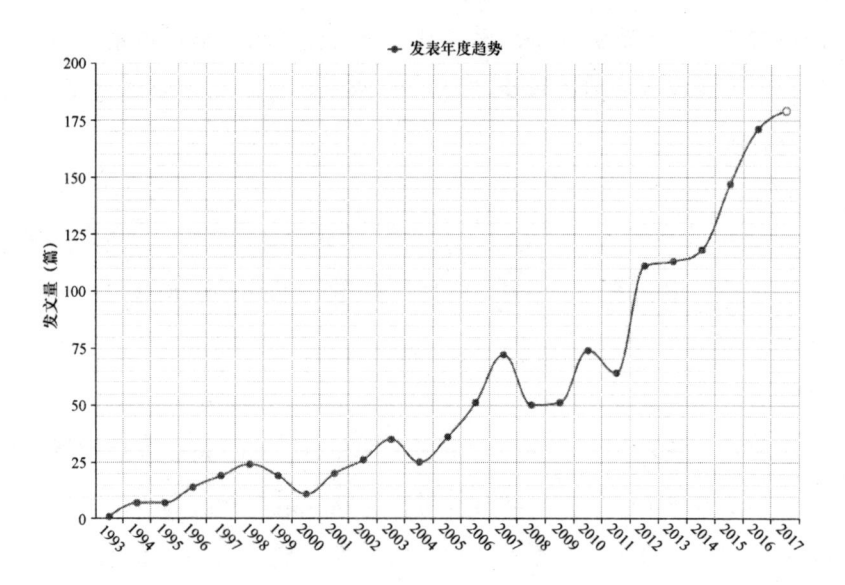

图1 1990—2017年中国"联合国与可持续发展"主题发文量分布图

数据来源：笔者根据中国知网（cnki）发文量整理。

1994年《中国21世纪议程》出台，1996年可持续发展成为中国政府经济与社科发展战略，形成了1998年中国学界研究可持续发展的一个小高潮。这个时期学界研究重点在于对联合国可持续发展思想的理解，对中国可持续发展战略的探索，以及如何实现可持续发展立法等方面。例如，赵黎青在《世界经济与政治》上发表了《对联合国体系可持续发展思想的理解》（1998年），在《世界知识》上发表了《向地球敲响警钟——从第19次特别联大看可持续发展》（1997年），1996年发表了几篇关于可持续发展理论和战略探析的文章。

2002年南非可持续发展首脑峰会召开，形成了中国关于联合国可持续发展研究的第二个小高潮。这时期学者的主要研究工作体现在三个方面：第一，普及联合国可持续发展峰会和相关委员会知识，如介绍联合国可持续发展世界高峰会议（《国外社会科学》2002年）、介绍联合国可持续发展委员会（《求知》2003年）；第二类是从学理上思考什么是可持续发展及其效果，如林利民的《联合国的现在与未来》（《现代国际关系》2002年），杨立华的《可持续发展与非洲》（《世界知识》2002年）；第三类是从教育角度思考如何设置可持续发展指标体系，推广可持续发展教育。

2005年为联合国成立60周年，以及"哥本哈根气候大会"对里约地球峰会十年效果的检视，促进联合国与可持续发展研究在2007年出现一个新的小高潮。联合国大会通过第57/254号决议，将2005—2014年确定为"联合国可持续发展教育十年"，要求世界各国政府在这十年中将可持续发展教育融入国家各个相关层次的教育战略和行动计划中，这个决议也引发了国内学界的热烈讨论。这一阶段联合国与可持续发展的研究体现在三个方面：第一个方面是解读《联合国可持续发展教育十年纲领》，从教育和培训角度探讨可持续发展，如胡晓松、钱丽霞的《可持续发展教育：英国政府角色与学校推进策略》（《比较教育研究》2007年），武晓红的《构建可持续发展师资队伍是提高教学质量的保障》（《发展》2007年）；第二个方面是深入思考联合国代表的全球治理的体系，如孔繁伟的《全球治理中的联合国》（《新视野》2007年），陶涛的《全球治理中的非政府组织》（《当代世界》2007年）；第三个研究重点是讨论联合国可持续发展理念的本土化，如秦治来的《全球气候变化催生生态政治理念》（《学习月刊》2007年），赵少华的《中国妇女民间外交工作面临的机遇、挑战及发展前景》（《理论前沿》2006年），赵敏的《对科学发展观的几点理论思考》（《理论观察》2007年）。

中国政府积极参与以联合国为代表的全球治理体系，加之作为国际社会贡献者的国际定位，为学者研究可持续发展问题提供了持续的动力。2012年"Rio + 20"可持续发展峰会的召开，2015年联大通过2030可持续发展目标，以及中国更为积极参与全球气候治理，进一步激发了中国学界关于联合国与可持续发展问题的研究。从2012年开始，关于联合国与可持续发展的文章每年有110篇以上，且每年都在增加，2012—2016年中国知网关于联合国与可持续发展文章达到660篇，加上2017年已经发表的61篇，这五年发表的论文数占这27年论文总量的54%。

这一时期关于联合国与可持续发展问题的研究出现了两个新的动向：一是研究"中国经验"；另一个是研究"中国方案"。中国扶贫事业促进了联合国千年发展目标得以实现，促使学者更关注研究中国在全球治理中扮演的重要角色，如何基于国家能力承担国际责任，如何积极推动实施2030年可持续发展目标等。此外，习近平主席提出将把落实2030年可持续发展议程纳入"十三五"规划，并在各个全球治理平台如二十国集团会议、金砖国家会议上推动世界经济的可持续发展和包容性发展。"一带一路"倡议的提出与积极推进，促使学者积极投身于研究如何基于当前国际国内形势的现实，为全球治理和可持续发展提供中国方案。

三、当前中国的联合国与可持续发展研究的问题

通过梳理联合国提出可持续发展理念以来中国学界的研究成果，可以发现当前中国的联合国与可持续发展研究主要面临四个问题：

研究议题分散且学科割裂严重，研究方法缺乏多样性，研究力量较为薄弱。

第一，从研究议题看，联合国与可持续发展问题研究无论是研究内容还是研究领域，都基本停留在从全球治理角度探讨可持续发展的概念界定、内涵的阐述上，基础理论研究较为薄弱。与此同时，过于与时政热点紧密结合，多侧重于宏观研究，角度较窄，并且缺少大量生动实际的个案分析。

可持续发展是一种以目标为导向的内涵丰富的发展理念，联合国对可持续发展理念的倡导，重点强调三个维度的发展：第一个维度的发展是以国内生产总值为代表性指标的经济发展；第二个维度的发展是社会与环境的发展；第三个维度是以人的发展为代表的综合性发展。当前的联合国与可持续发展研究在三个维度上的研究都有涉及，但尚未形成系统性可持续发展理论。这些研究或者突出对全球治理主体的类型化研究，例如对主权国家（如中国、美国、日本等）及主权国家组成的国家集团（如欧盟），对政府间国际组织（如G20），对非政府组织和公民社会，甚至对某一个群体，如妇女、劳工等如何实现可持续发展进行研究。或者强调不同国家、地区可持续发展的经验比较。不同的学者存在不同的研究兴趣点，但是从国际政治学科角度看，这种研究区域碎片化，尚未形成拉卡托斯提出的研究纲领。当然，国际关系学科本身在中国就是一门新兴的交叉学科，而中国的联合国以及可持续发展研究又是国际关系研究的前沿，这与现实情况分不开。

第二，可持续发展研究是一门交叉学科，涉及生态学、地理学、资源管理、生态学、环境科学、人口学、系统工程、经济学、社会学乃至伦理学、政策学和法学等多学科，联合国与可持续发展研究作为国际关系研究的一个子领域，就研究的深度和广度来说，也落后于其他学科。

国内关于可持续发展问题的研究主要分布在三个学科:"生态学""经济学""社会学"。① 生态学家往往从生态污染、生物多样性和生态系统服务等方面入手研究可持续发展问题,以人类的可持续生存为主进行可持续发展理论的剖析,侧重于研究生态系统和区域的环境可持续性。经济学者揭示人口、食物、能源、资源、环境问题产生的根源,结合经济学原理,以经济可持续发展为切入点,探讨如何运用有效的经济手段,激活推进可持续发展的经济动力。社会学方面的可持续发展研究侧重于如何建立一个包括了市场、政策、道德准则、科技等因素的激励性质的结构体系,来最大限度地将自然、人类及社会的关系引向可持续发展的轨道。无论生态学、经济学,或者社会学,都在致力于发挥本学科优势,可持续发展问题成为几门学科的主流研究方向之一,但几个学科对可持续发展的研究远未形成成熟的研究体系。②

国际政治学科本身就是一门交叉学科,社会学、经济学的一些理念和方法都是国际政治研究的重要组成部分,国际政治学科也完全可以通过对可持续发展问题的研究,补充社会学、生态学和经济学的不足。以经济学对可持续发展问题研究为例,经济学研究的议题集中体现在对区域可持续发展战略研究、主要经济部门可持续发展战略研究、可持续发展的经济体制及机制研究、可持续发展的国际经济政治合作战略研究等几个方面。政治学,特别是国际政治对可持续发展问题的研究,与经济学研究的这些议题存在交叉,且可

---

① 苶娜、郧建国、于润冰:"可持续发展研究的学科动向",《生态学报》第33卷第9期,2013年5月,第2637—2644页。

② 郭印:"可持续发展议题的经济学研究现状及前沿",《社会科学管理与评论》2004年第3期。

以补充经济学研究不足。当前国际政治经济学这一学科就是在进行政治学和经济学就重要国际问题研究的整合，国际政治经济学在可持续发展问题领域将有更突出的贡献。

第三，研究方法上，创新与融合不够，当前政治学关于联合国与可持续发展问题的研究以定性分析和定量研究为主，倾向于定性分析。可持续发展作为一门交叉学科，在研究方法上，借鉴经济学、生态学的研究方法，侧重于统计与计量研究，初步形成了一般均衡模型和指标评价法。这类研究方法可以为政府的可持续发展决策提供重要的科学依据和优先考虑的问题，还可以为公众提供可持续发展的有效信息。[1] 模型分析法包括系统动力学、地理信息系统、生态经济的整合模型、一般均衡模型等。指标评价法包括脆弱性评价方法、数据包络分析方法、可持续发展综合指数评价法。[2] 如何在研究方法上实现创新与融合，关系到联合国与可持续发展问题能否有效实现知识积累，是否更有利于在学术知识共同体中传播与交流。

第四，联合国与可持续发展问题的研究力量分散在政府部门、政府智库和高校三个系统，相互间联系不够密切。就政府部门来说，中国可持续发展问题的研究是在中国政府的积极推动下逐渐发展起来的。

为了贯彻政府对联合国可持续发展议题的承诺，并贡献中国智慧和力量，早在里约地球峰会后中国政府制定"21世纪中国行动议程"的时候，就形成了部级联席机构，并抽调人员成立了"中国21世纪议程管理办公室"。1994年3月经中央机构编制委员会办公室批

---

[1] 徐中民、张志强："可持续发展定量研究的几种新方法评介"，《中国人口·资源与环境》2000年第10卷，第2期。
[2] 具体研究方法介绍可以参考茶娜、邹建国、于润冰："可持续发展研究的学科动向"，《生态学报》第33卷第9期，2013年5月。

准成立,"中国21世纪议程管理中心"成为国家科学技术部直属的国家全额拨款的事业单位。该单位主要承担资源、环境、海洋、公共安全、城镇化、应对气候变化等领域国家科技计划项目的过程管理工作;承担创新方法工作专项项目的过程管理和基础性工作;承担区域科技发展的有关工作,以及国家可持续发展实验区管理工作;研究可持续发展相关领域的发展状况、趋势和重大问题,为科技部宏观决策提出建议与对策。同时,21世纪中心也是中央财政科技计划(专项、基金等)项目管理专业机构,承担资源、环境、海洋、公共安全、绿色建筑等领域的国家重点研发计划、重点专项的管理工作。

国务院发展研究中心逐渐成为中国政府进行可持续发展研究的前锋。2015年联合国大会通过"2030年后发展议程"后,中国政府高度重视落实这一议程,2016年9月李克强总理在纽约联合国总部主持召开"可持续发展目标:共同努力改造我们的世界——中国主张"座谈会,并宣布发布《中国落实2030年可持续发展议程国别方案》,这是中国落实可持续发展议程的重要步骤。2017年8月,中国国际发展知识中心设立,这是中国政府落实可持续发展议程的另一项重要措施,是推动落实联合国2030可持续发展议程的新机构。中国国际发展知识中心的角色定位是研究和交流中国发展经验,贡献中国智慧的重要平台;是分享各国发展经验,应对全球发展挑战,探索实现可持续发展的重要渠道。在理论研究方面,中国国际发展知识中心将设立经济建设、政府建设、文化建设、社会建设和生态文明建设五个分领域的工作组和一个综合研究组。在实践研究方面,将重点开展园区发展经验、"一带一路"相关国家落实儿童可持续发展目标的监测与分析等多方面案例研究。

中国国际发展知识中心由国务院发展研究中心筹办,国务院发展研究中心是直属中国国务院的政策研究和咨询机构,是政府智库的人才高地。自1980年成立以来,国务院发展研究中心在事关中国经济改革、对外开放和现代化建设的重大方向、目标及战略举措方面,完成了一系列具有重要价值和重大影响的研究成果,提出了大量切实可行的政策建议,为中国经济社会的历史性发展做出了贡献。此次新成立的中国国际发展知识中心主任由中国国务院发展研究中心主任兼任。

第二类是以中国科学院和社会科学院为代表的国家智库对可持续发展问题的研究。中国科学院可持续发展战略研究组主要从事可持续发展理论、可持续发展综合国力测算、可持续发展指标计算等工作,并从1990年开始主持撰写《中国可持续发展战略报告》。此外,中科院可持续发展战略研究组网上建设了"中国可持续发展数据库",分为中国可持续发展专业数据库、中国可持续发展数据库、中国可持续发展模拟数据库、中国区域数据库、国际数据库等。[①] 中国社会科学院世界经济与政治研究所可持续发展研究中心,重点关注可持续发展经济学理论与方法、区域可持续发展、世界农业经济与中国农村可持续发展、全球可持续发展问题等。

中国高校中以联合国与可持续发展为重点的研究机构数量也日益增多,目前国内已经成立了一些跨学科的可持续发展研究中心,也出现了以联合国与可持续发展问题作为研究重点的高校,但是研究成果仍未成体系化。如北京大学可持续发展中心是1992年在国家

---

① 中国可持续发展数据库: http://chinasd.vdbspace.cn/。该数据库维护得不够好,有些数据没有最新更新,有些尚未建立起来。

计委、国家教委、国家科委支持下，依靠北京大学创建的一个跨学科科研单位。2002年，同济大学和联合国环境规划署（UNEP）共同建立了"联合国环境规划署—同济大学环境与可持续发展学院"（IESD），加强全球环境和可持续发展科学研究和人才培养，设有可持续发展2007年，拜耳与同济大学设立关于环境政策及可持续发展基金教席，作为联合国环境规划署——同济大学环境与可持续发展学院项目的一部分。同济大学在现有的教育体制下增加可持续发展为第二学位，还开设可持续发展的硕士学位。

2017年5月，清华大学全球可持续发展研究院在北京成立，这是中国第一所以可持续发展目标为研究核心，开展跨学科、跨领域、跨院系、多学科交叉的专业研究机构。该研究院的成立，意在响应联合国2030年可持续发展议程，加强可持续发展目标领域的科学研究、人才培养和国际合作交流，助推中国可持续发展进程，为全球可持续发展贡献中国智慧和经验。作为联合国可持续发展行动网络中的成员，该研究院与联合国机构、国际组织和学术界建立了广泛的合作伙伴关系，力图打造成为中国在研究领域中最具影响力的高端智库。

此外，中国人民大学、暨南大学、浙江大学、南开大学、四川外国语大学等，都设立了与可持续发展相关的研究中心，有各自的发展定位和研究方向。美中不足的是，当前进行联合国与可持续发展问题研究的梯队，尚未把大量非政府组织、非营利组织以及企业中的研究力量吸纳进来，研究人员的交流和信息沟通、采集做得不够。

四、中国的联合国与可持续发展研究的展望

当前,中国的联合国与可持续发展研究获得了难得的机遇期。走学科融合之路对于保持这一研究议题的生命力至关重要。国际关系或者国际政治学科在研究可持续发展问题上有独特优势。发展问题不仅仅是经济和财富的简单增长,还涉及到人与社会、人与环境、政治与经济、外交与内政等多个层面,这决定了走学科融合与创新之路,有助于中国联合国与可持续发展研究纲领的不断拓展。

中国的联合国与可持续发展研究的未来研究重点应突出在四个方面:第一,突出基础理论与应用实践相结合;第二,突出区域可持续发展战略研究;第三,突出可持续发展相关外交决策体系与制度研究;第四,强化联合国与可持续发展研究知识共同体建设。

李东燕研究员分析当前联合国研究可以分为三个层面———理论、政策和方案,即国际关系理论研究、会员国的联合国政策研究及联合国组织研究,并指出这三个层面的研究是相互联系、交叉重叠的。[①] 中国的联合国研究以及可持续发展研究在理论探索上都有了较大提高。当前国际关系学界对于可持续发展的研究一方面是尝试以现实主义、建构主义、制度主义、功能主义、政治经济学等不同理论框架来研究,包括对联合国相关发展体系及其有效性进行梳理、评判;另一方面,中国、巴西、菲律宾等发展中国家积累了大量可

[①] 李东燕:"中国联合国研究的现状与前景——李东燕研究员访谈",《国际政治研究》(双月刊) 2017 年第 3 期,第 145—146 页。

持续发展的经验,为进一步深化对可持续发展多样性问题的认识和解决提供了丰富的个案。充分挖掘各学科可持续发展相关的思想和内涵,构建以国际关系学科为主的可持续发展研究框架,从经济发展、环境友好、人类进步三个维度进行国际与国内的互动、社会与政府的互动研究。

区域可持续发展战略研究是一项综合性、前瞻性研究领域。[1] 区域是落实联合国可持续发展问题研究的空间,区域可持续发展是全球可持续发展的基础,区域承接了从主权国家到主权国家组成的区域,从跨境倡议组织到公民社会网络构成的区域,天然疆域特定的联系,以及人文联系,更有助于现代人地关系的协调。基于区域的人地关系协调更有助于探索如何实现人类可持续发展,实现经济、社会和生态相统一生态系统的良性循环。

外交决策研究是政治学研究的重要内容,在可持续发展背景下,讨论关于可持续发展问题的外交决策,实质是在讨论什么人在什么情况下做出了影响哪些人的决策。这也正是进行外交决策研究所关注的几个重点:决策者(政府首脑或是无政府组织,或是公民个体)、决策环境(外在的或者心理的)、决策体系(小集团式还是集体的)、以及采取的可持续发展相关的外交决策对国内和国际社会的影响。可持续和发展都是进程性的表述,并不是在急迫的时空压力下制定相关决策的,然而在相互依赖的国际体系中,一系列有关环境的、全球化的、南北差异的全球性问题,都需要决策者充分考虑,并采取可持续的一致行动。

因此,为了更有效地应对一系列全球性问题,需要研究可持续

---

[1] 张志强、孙成权、程国栋、牛文元:"可持续发展研究:进展与趋向",《地球科学进展》第14卷第6期,1999年12月,第594页。

发展的体制和机制,包括改变传统的条块分割、信息闭塞、随意决策的管理体制与机制,建立能够综合调控社会生产和生活活动以及生态和环境结构与功能、信息反馈灵敏、决策水平高的管理体制与机制。①

构建联合国与可持续发展相关的知识共同体,是这一学科实现可持续发展的体制保证。知识共同体的构建可以从"联合国—主权国家""政府组织—非政府组织""高校—智库"三个维度进行构建,也可以借助某类权威型的高校科研机构或者智库倡议,构建以多样性问题为靶向的平行倡议网络。无论哪种方式的知识共同体,都将是基于可持续发展这一全球性的价值观念和制度安排,构建有效的成员间的建设性互动,催生有效共识。借助知识共同体对可持续发展规范的倡导,基于不同国情、不同文明的政府发展议程的设定,联合国与可持续发展问题研究又将迎来新的发展阶段。

---

① 张志强、孙成权、程国栋、牛文元:"可持续发展研究:进展与趋向",《地球科学进展》第14卷第6期,1999年12月,第594页。

从联合国和平维度的演变看中国与联合国的合作

侯静怡[*] 田昀凡[**]

"和平与发展"是时代的主题,和平更是联合国不变的追求。有关维和的研究已有不少,但仅关注维和对于联合国框架下和平维度的演变研究还稍有欠缺。事实上,联合国在和平维度上所做出的努力不仅仅包括了维和行动(军事),更通过在其他领域(政治、经济、安全事务、人权事务、法律等)对其进行不断扩展演变以达成目的。联合国和平维度的演变对成员国对外政策有着深远影响。本文希望可以从联合国和平维度的演变角度研究中国与联合国的合作,以此梳理其演变过程,并一窥中国与联合国为推动世界和平做出过何种贡献。

本文将分为三个部分:第一部分梳理联合国和平维度的扩展演变;第二部分从1971年中国恢复联合国席位开始讲述中国在和平维度下与联合国的合作以及其为和平维度所做的丰富;第三部分将做出结论并展望中国与联合国合作的未来。

---

[*] 侯静怡,四川外国语大学国际关系学院。
[**] 田昀凡,四川外国语大学国际关系学院。

联合国建立前,和平维度所强调的和平是基于消除战争这一目的。从两次世界大战中得到教训,联合国的和平维度随之慢慢扩展,和平手段也从强调国际会议的外交方式,到集体安全、裁减军备、实用主义、民族自决、维和、经济发展、经济公平、咨询平等、经济平衡、对于全球公域的治理、人道主义干预、预防性外交等各种方式。

一、联合国成立前后和平手段的扩展与演变

国际联盟和联合国通过一系列举措证明了其在减少暴力与和平建设方面的非凡创造力。如果以和平作为一种手段考察联合国及其前身国联,纵向总结可分为以下五个阶段,同时每个阶段又可横向分为不同板块:[①]

第一阶段为19世纪前后,此时外交和权力平衡是建构和平的两种主要手段。权力平衡也译做"均势""势力均衡",是国际关系理论古典现实主义与结构现实主义理论的核心概念之一。中国国际关系研究文献中的"格局"概念与此相近。[②] 此概念可以指一种强调国家间应彼此警惕、制约的政策主张,也可以指客观存在的、国际体系间的权力对比态势。此时的和平主要是指消极和平,即直接

[①] Chadwick F. Alger, *THE UNITED NATIONS SYSTEM A Reference Handbook*, USA: ABC-CLIO, 2006, p. 9.

[②] "权力平衡", http://baike.baidu.com/link? url = STno4GtXEjQkR2yvb - B_ BrmK_ twxDRHZOptibUkhd4kulC5nRZQtXTpKk2Iz_ aD67HUtRpQP - Nhd - SRzi0xOaq。(访问时间:2016年8月8日)

和平。

第二阶段是从 1919 年到 1945 年，当权力失衡导致军备竞赛，1919 年《国际联盟公约》尝试着以集体安全的概念来取代权力平衡。集体安全是国际关系中有关权力管制的第二个概念，就权力集中程度而言，集体安全处于一种中间地位，实例中中央集权程度较权力平衡高，但又较世界政府低的制度。通过集体安全的军事侵略性，可以避免国际联盟成员压倒性的军事力量所带来的威胁。然而集体安全也带来了失败的例子，比如美国未能加入国联，威尔逊理想的失败以及规章常受挑战等，还有 1931 年日本占领东三省、1934 年意大利进攻伊索匹亚，国际间束手无策等事件都可以证明集体安全在当时的失败。同时，公约通过添加和平解决争端的程序（调停、调解和国际会议）来加强外交。国联也建立了关于裁减军备等一系列程序：1920 年设立常设军备咨询委员会，1925 年 12 月设立裁军会议筹备委员会，并于 1932 年 2 月—1934 年 6 月召开有 63 个国家代表参加的国际联盟裁军会议。[①] 但由于帝国主义列强间的矛盾和争夺激化、军备竞赛加剧，这一旷日持久的裁军会议未获任何实质性成果。在 1921 年 11 月—1922 年 2 月召开的华盛顿会议上，经过激烈争论，缔结了《限制海军军备条约》，规定美国、英国、日本、意大利、法国海军主力舰的总吨位按照 5∶5∶3∶1.67∶1.67 的比例来配备，并对缔约国航空母舰的总吨位和主力舰火力的最高限额做了规定。1930 年在伦敦签订的《限制和裁减海军军备国际条约》，对上述条约做了进一步补充和修订。这些方法强调通过控制暴力和消

---

① 《裁军和限制军备条约》，http：//baike.baidu.com/link？url＝JF－ceo9_UeN2GSWrJROfF2o7VtnHN0emaU－DXdluYO3D_ neHq6GZ_ TDIWiEKzZpvDpJAwVT46252lOhpeFjcpK。（访问时间：2016 年 8 月 8 日）

除战争因素来维护和平,因此也称之为"消极和平"。

根据国际联盟的实践和从第一次世界大战中得到的经验教训,1945年联合国宪章得以起草,联合国和平维度演变进入第三阶段。这一阶段持续短暂,集体安全、和平解决和裁减军备三项消极和平手段仍被吸收进联合国宪章中。相较于之前的三种手段,强调了创造经济、社会、政治新关系,增添了三种新的和平方式,被称为"积极和平",分别为:在经济和社会问题方面采用功能性合作、民族自决和人权问题。

1950年到1989年为联合国和平维度演变的第四阶段,在消极和平方面,新增加了维和举措。维和行动是联合国的一个创举,是联合国集体安全制度下的重要机制之一,也是联合国维护国际和平与安全的一个重要途径和手段。其虽然在索马里、卢旺达等国家遭遇过挫折甚至失败,但绝大多数维和行动都成功地阻止了地区冲突的蔓延和扩大,取得了有目共睹的成果。[①] 当全球系统资源的开发、生产、营销、通讯导致更多的人到最远的人类居住区和农村地区去剥夺他人利益,在贫穷国家和在城市棚户区中的人不得不寻求对话方式以争取自己的权利。为此,在积极和平方面,除在联合国宪章中包含的三项举措外,新增加了经济发展、经济公平、咨询平等、经济平衡和对于全球公域的治理。

1990年至今为联合国和平维度演变的第五阶段,在消极和平层面新添加的举措为人道主义干预和预防性外交两种。"人道主义"由拉丁文 humanists 一词引申而来,是指具有人道精神,促使个人最大限度发展的制度。预防性外交是指公正的第三方在得到争议双方许

---

① 庞森:"联合国维和行动——趋势与挑战",《世界经济与政治》2007年第6期,第23页。

可的前提下，借助和平的手段进行介入，防止冲突升级，以及当冲突升级时限制其蔓延的行动。① 在积极和平层面并没有添加新的和平手段，仍与第四阶段一致。

而当中国在联合国中还未恢复合法席位时，对维和的印象只停留在"操纵工具"这一概念上。这来源于一个误解：朝鲜战争中，将由美国操控组成的所谓"联合国军"等同于联合国维持和平部队。虽然这支军队确实由联合国军组成，但由于其在朝鲜的行动完全背离了联合国维护和平的宗旨，联合国并不承认这支"联合国军"的合法性。

在联合国正式认定的1948年至今共69次维持和平行动中，朝鲜战争不见踪影，而且联合国在公开场合也宣称："由安理会第84号决议授权成立的国际部队并不是联合国维持和平行动。这支部队并不是在秘书长的权力之下，而是在美国的统一指挥下。关于其在战斗时期中行动的报告并未提交给联合国的任何机构。1975年，联大通过第3390号决议，要求解散'联合国军司令部'。"②

联合国作为和平规范的倡导者，每一次关于和平内容的调整都势必影响到成员国的外交政策。中华人民共和国在恢复联合国合法席位后，开始重视与联合国的互动，全程参与并持续性推动了联合国将发展作为和平的重要纬度。虽然早期中国采取"三不政策"（不接触、不谈判、不妥协），但随着中国和联合国对彼此的了解深入，随着中国综合国力不断上升，其在和平维度上对联合国的贡献也日渐丰富，接下来本文将从军事、人权、政治与安全

---

① 李锴：《中国参与联合国维和行动研究》，外交学院硕士学位论文，2004年，第28页。
② 联合国官方认证微博，http://m.weibo.cn/1709157165/4001926208615109？sourceType=sms&from=1068095010&wm=20005_0002。（访问时间：2016年8月7日）

等方面做出解释。

二、1971年中国恢复合法席位后在和平维度与联合国的互动

（一）中国的和平维度：维和与裁军

中国加入联合国后，最开始对于联合国维持和平行动一直抱观望态度，认为其干涉别国内政，是被用于别有用心的目的的工具，直到1981年中国表示同意支付联合国维持和平行动的摊款并在1989冷战濒于结束派出第一支维和部队后才开始积极参与，随后便维持了一个稳定的参与态势。

自2004年3月起，中国成为联合国常任理事国中派遣维和人员最多的国家，并保持此记录直至2006年8月。此后，中国与法国共同成为五大国维和力量的首位，美国和英国则落在了后面。仅就2016年6月来说，中国已派出173支侦察队、28架无人侦察机以及2444支维和部队。[1] 截至2014年12月，中国参加了31项维和行动，累计派出官兵2万余人次。中国向7个任务区派遣人数共计1569人次。目前，有1800多名官兵在联合国10个任务区和联合国维和部执行维和任务。[2]

---

[1] 参见 Contirubutions to UN peacekeeping opereations, http://www.un.org/en/peacekeeping/contributors/2016/jun16_1.pdf。

[2] "直击中国首批赴马里维和部队"，http://world.people.com.cn/n/2014/0430/c1002-24961831.html。（访问时间：2016年8月10日）

表1 中国参与过的维和行动详情①

时间	地点	任务	牺牲情况
1989年	纳米比亚	参加联合国纳米比亚过渡时期协助团	
1991年	伊拉克—科威特边境		雷润民在伊科边境因车祸牺牲
1992年4月	柬埔寨	中国第一支"蓝盔"部队—军事工程大队赴柬埔寨执行任务	1992年5月,驻柬埔寨军事观察员刘鸣放在柬埔寨执行任务时,感染脑疟疾,医治无效不幸牺牲
1993年5月21日22时40分	柬埔寨磅同省斯昆镇		一枚火箭弹落入驻扎在磅同省斯昆镇的中国维和工程兵大队营地,赴柬埔寨维和工程兵大队1中队3分队8班战士陈知国、余仕利不幸牺牲,另有7名中国工兵受伤

---

① 联合国维持和平行动官网, http://www.un.org/zh/peacekeeping/。(访问时间: 2016年8月7日)

续表

时间	地点	任务	牺牲情况
2003 年 4 月	刚果（金）	中国赴刚果（金）维和	2005 年 5 月 3 日中午，工兵连建筑分队 3 班班长付清礼，在基武湖畔一个临山半岛上洗刷装载机上的污泥时突然晕倒，抢救无效，不幸牺牲
2003 年 11 月	利比里亚	中国赴利比里亚维和	2005 年 10 月 24 日 7 时 15 分，赴利比里亚维和运输分队士官张明，在与战友外出执行任务时，被子弹击中头部，不幸牺牲
2004 年 10 月	海地	中国维和警察防暴队员赴海地维和	2010 年 1 月 12 日（海地当地时间 2010 年 1 月 12 日）下午发生 7.3 级强烈地震，联合国驻海地稳定特派团总部大楼倒塌，正在楼内与联海团官员举行商谈的中国公安部赴海地维和工作组成员朱晓平、郭宝山、王树林、李晓明和驻海地维和警察部队赵化宇、李钦、钟荐勤、和志虹（女）同志被埋在废墟下，于北京时间 1 月 13 日 5 时 56 分许壮烈牺牲

续表

时间	地点	任务	牺牲情况
2005年10月	苏丹	中国维和部队赴苏丹	
2006年3月	黎巴嫩	中国维和工兵营开赴黎巴嫩	2006年7月25日19时30分，以色列空军对黎巴嫩南部边镇希亚姆进行空袭，击中联合国观察员哨所，驻黎巴嫩军事观察员杜照宇与其他3名联合国观察员不幸遇难
2014年9月11日	南苏丹	中国赴南苏丹维和工程兵大队成功抢通了当地伦（拜克）—乌（鲁）公路马劳村路段，使南苏丹首都朱巴至湖泊州首府伦拜克的交通大动脉恢复贯通	

数据来源：整理自百度词条"中国维和部队"，https：//baike.baidu.com/item/中国维和部队。（访问时间：2016年8月7日）

除了维和行动的配合，在裁军上中国的态度也十分合作，明确提出关于裁军方面的立场且主动接受了国际社会对中国发展战略武器的限制。1992年3月,中国正式加入《核不扩散条约》,随后又相继签署了《全面禁止核试验条约》《禁止化学武器公约》。1995年,中国发表了《中国的军备控制与裁军》白皮书,系统地阐明了中国在裁军问题上的立场。同时,指出中国在保持必要防御力量的前提下,单方面实行一系列裁减军备的措施:大幅度裁减军队员额;维持低水平国防支出;严格管制敏感材料、技术及军事装备的转让;全面实行国防科技工业的军转民等,[1] 积极承担世界安全的义务。

(二) 发展作为中国的和平维度:消除贫困

联合国千年八大发展目标其中之一就是消灭极端贫穷和饥饿,中国政府积极配合,先后制订了《国家八七扶贫攻坚计划(1994—2000年)》等计划,积极开展减贫工作,为此目标做出了巨大贡献。仅2005—2011年6年间,中国极端贫困人口数量就减少了58%;贫困人口数减少了47%。[2] 此外,针对千年发展目标各子项目的实现情况,联合国对各国进行了评估。根据历史数据或联合国的估测值,在所选的9项指标中,中国全部提前或者按时完成了千年发展目标。2007年世界银行公布的数据表明,过去25年全球脱贫事业成就的67%来自中国。[3]

中国首先从改变自身开始,即使在20世纪70—80年代,中国经济才刚起步,且此时的主流为在西方国家主导下建立的以市场为

---

[1] "中国军备控制与裁军", http://baike.baidu.com/link?url=HKI1s0VSrnD9872RnePzG1Hocem7fF0f-WnfGLYKOzcdhm9zXHwVWM9zYi7tH8ZY9wWKrwnBEdlBIUc4ivSijq。

[2] "图说中国有多少贫困人口", http://www.gywb.cn/content/2015-09/24/content_3875011.htm。(访问时间:2016年8月11日)

[3] "温家宝在联合国千年发展目标高级别会议上的讲话", http://news.xinhuanet.com/world/2008-09/26/content_10112612.htm。(访问时间:2016年8月11日)

导向的国际经济秩序，即所谓"内嵌的自由主义"，① 但邓小平做出了现实而理性的选择——发展中国特色社会主义经济，为中国社会主义现代化建设制定了 70 年的经济发展战略。他也被称赞"作为中国现代化之父，因而也是世界经济史上具有重大影响的事件之一的设计师载入史册"。80 年代初，邓小平就总结了当今时代特征和总体国际形势的变化，以及这种变化对国际政治经济所产生的重大影响。他曾说过"现在世界上真正大的问题，带全球性的战略问题，一个是和平问题，一个是经济问题或者说发展问题，和平问题是东西问题，发展问题是南北问题，概括起来，就是东西南北四个字"。② 正是依靠邓小平的带领，中国经济走出了模仿的困境，实现了中国特色社会主义之路。

在这个时期，中国于 1972 年 4 月第一次参加了联合国贸发会议，以后便一直参加贸发会议的活动。贸发会议的宗旨是促进国际贸易，特别是加速发展中国家的经济和贸易发展，制定国际贸易和有关经济发展问题的原则和政策；推动发展中国家和发达国家在国际经济、贸易领域的重要问题谈判的进展；检查和协调联合国系统其他机构在国际贸易和经济发展方面的各项活动；采取行动以便通过多边贸易协定；协调各国政府和区域经济集团的贸易和发展战略。③ 中国配合贸发会议为全球经济与贸易做出了不可忽视的贡献。

不仅国内减贫与国际贸易工作顺利进行，扶贫减贫更是中国提

---

① "概念来自美国哈佛大学教授约翰·鲁杰对第二次世界大战结束后到 20 世纪 70 年代国际经济秩序特点的描述"，www.baike.baidu.com/link? url =_ Wgmr6FMqgEC2 llg-wvYmY8qaPw42X0Fwmak9_ ClRup9i39tFC6ZmkUc6QDAQ6mGIEg2WOY2j0Ujc9SGe3GiVBK。

② 邓小平：《邓小平文选》，人民出版社 1993 年版，第 105 页。

③ "联合国贸易和发展会议（联合国贸发会议）"，http://uc.m.hexun.com/content.php? uc_param_str = frve&id = 110574558&name = 100000000&cpage = 2&style = full。（访问时间：2016 年 8 月 12 日）

供给世界的公共物品。

中国扶贫事业离不开联合国以及世界银行在内的联合国系统的支持。世界银行曾出台对华《国别伙伴战略》，主要为中国提供以下几方面的帮助：促进中国经济与世界经济的融合，包括深化中国对多边经济机构的参与，降低对内与对外贸易和投资壁垒，为中国的海外发展援助提供帮助；减少贫困、不平等和社会排斥，包括推动城镇化均衡发展，保障农村生活，扩大基本社会服务和基础设施服务，尤其是在农村地区等援助。[1] 其目的是帮助中国融入世界经济，减少贫困与不平等现象，应对资源短缺和环境挑战，加强金融部门，改善公共部门和市场制度。

世界银行行长保罗·沃尔福维茨说："新的《国别伙伴战略》清楚地认识到，帮助中国改善治理，强化经济，管理好资源和环境，不仅对于中国人民是重要的，对于全世界人民也是重要的。"[2]

而自1972年以来，中国一直连任经济及社会理事会会员，随着影响力的扩大，中国通过理事会为南北合作做出了不少贡献，从而促进了扶贫减贫。习近平在2015年联合国发展峰会上指出，"改革开放30多年来，中国立足自身国情，走出了一条中国特色发展道路。中国基本实现了千年发展目标，贫困人口减少了4.39亿"。并且表示，中国将设立"南南合作援助基金"，首期提供20亿美元，支持发展中国家落实2015年后发展议程；并继续增加对最不发达国家投资，力争2030年达到120亿美元；同时免除对有关最不发达国家、内陆发展中国家、小岛屿发展中国家截至2015年底到期未还的

---

[1] "世界银行对中国提供的援助"，http://www.gaodun.com/caiwu/611982.html。（访问时间：2016年8月12日）
[2] "世行出台新版对华国别伙伴战略协助中国减贫与可持续发展"，《上海对外经贸大学学报》2006年第8期。

政府间无息贷款债务。① 胡锦涛在联合国成立 60 周年首脑会议上也宣布给予所有同中国建交的 39 个最不发达国家部分商品零关税待遇,并对重债穷国和最不发达国家扩大援助规模。② 在联合国千年首脑会议③上,江泽民也提出,中国会在平等的基础上推进南北对话,同时应广泛开展南南合作。国际社会应该高度重视帮助发展中国家形成和提高自我发展的能力,使广大发展中国家同发达国家一道,共享经济全球化和共享科技进步的成果。

从表 2④ 中我们可以看出,在维持联合国和平的支出上,亚洲支出最多的是中国和韩国。

习近平更是在 2015 联合国维和峰会上宣布,"中国作为联合国安理会常任理事国,参加维和行动已经 25 年,成为维和行动主要出兵国和出资国。为支持改进和加强维和行动,中国将加入新的联合国维和能力待命机制,决定为此率先组建常备成建制维和警队,并建设 8000 人规模的维和待命部队。中国将积极考虑应联合国要求,派更多工程、运输、医疗人员参与维和行动。今后 5 年,中国将为各国培训 2000 名维和人员,开展 10 个扫雷援助项目。今后 5 年,中国将向非盟提供总额为 1 亿美元的无偿军事援助,以支持非洲常备军和危机应对快速反应部队建设。中国将向联合国在非洲的维和行动部署首支直升机分队。中国—联合国和平与发展基金的部分资

---

① "习近平在联合国峰会上的讲话",http://news.xinhuanet.com/politics/2015-09/27/c_1116687809.htm。(访问时间:2016 年 8 月 11 日)

② 胡锦涛讲话全文,http://www.qzwb.com/gb/content/2005-09/15/content_1800722.htm。(访问时间:2016 年 8 月 11 日)

③ 江泽民讲话全文,http://www.cctv.com/special/777/2/52021.html。(访问时间:2016 年 8 月 11 日)

④ Chadwick F. Alger, THE UNITED NATIONS SYSTEM AReference Handbook, USA: ABC-CLIO, 2006, p. 226.

金将用于支持联合国维和行动"。①

表2中罗列了联合国15大会费分摊国在常规预算中的会费缴纳情况,同时展示了该15国会费缴纳占比,并与此前占比做出对比。国家依照会费缴纳水平从高至低排列。

表2　2004—2005年联合国15大会费缴纳国分摊会费数据

国家	总额 2005	占比 2005	总额 2004	占比 2004	变化（此前排名）
美国	440	24%	363	24%	1（1）
日本	346	19%	280	19%	2（2）
德国	154	8%	124	8%	3（3）
英国	109	6%	88	6%	4（4）
法国	107	6%	87	6%	5（5）
意大利	87	5%	70	5%	6（6）
加拿大	50	3%	40	3%	7（7）
西班牙	45	2%	36	2%	8（8）
中国	37	2%	29	2%	9（9）
墨西哥	34	2%	27	2%	10（10）
韩国	32	2%	26	2%	11（11）
荷兰	30	2%	24	2%	12（12）
澳大利亚	28	2%	23	2%	13（13）
巴西	27	1%	22	1%	14（14）
瑞士	21	1%	18	1%	15（15）

备注：货币单位为美元，取整数。

数据由联合国文件提供，全球政策论坛整理。

---

① "习近平在维和峰会上的讲话"，http：//news.xinhuanet.com/2015-09/29/c_1116705308.htm。（访问时间：2016年8月10日）

中国不仅提供资金硬支持，还通过中非减贫与发展基金等对话机制，与亚非拉的发展中国家分享减贫经验，并努力推动金砖国家开发银行、亚洲基础设施投资银行的筹建。

由此可见，在国际上，中国已从受援国转变为一个不可或缺的援助国。

（三）中国的和平维度与人权

和平的立脚点在于为"人"，联合国更是崇尚"人权"，在这一点上中国也与联合国合作甚密。

中国自1981年起一直担任人权委员会成员国，2006年在第60届联大选举中成功当选人权理事会首届成员国。新华社撰文称"将'人权'由一个政治概念提升为法律概念，将尊重和保障人权的主体由党和政府提升为'国家'"，一个拥有上千年封建专制历史的国家，人权入宪是人民民主宪政的重大发展"。[①]

中国在人权问题上的基本观点是，生存权和发展权是首要人权，没有生存权、发展权，其他一切人权均无从谈起。中国是人权委员会关于发展权问题决议的共同提案国。中国分别于1997年和1998年签署了《经济、社会和文化权利国际公约》及《公民权利和政治权利国际公约》这两个重要的联合国人权公约，后又在2000年与联合国人权事务签署了《关于开展人权领域技术合作的谅解备忘录》。这标志着中国在参照国际人权标准、发展人权事业方面已取得了"里程碑式的进展"。人权事务所官员称，中国政府自1997年以来签

[①] 董云虎："十六大后中国步入人权发展最好时期之一"，http://china.zjol.com.cn/05china/system/2007/10/12/008874959.shtml。（访问时间：2016年8月10日）

署了两个国际人权公约,在促进社会、经济、文化权利等方面取得了相当大的进步。中国方面称中国政府一贯重视促进和保护人权,经过多年的努力和探索,已找到了适合中国特点的发展道路。在现代化建设和民主法制建设的过程当中,中国将继续努力推动人权事业的发展,同时一贯主张通过对话与交流就人权问题开展国际合作。在这方面,中国积极评价联合国人权事务高级专员以及联合国人权事务高级专员办公室所发挥的作用。谅解备忘录的达成,标志着中国同联合国人权事务高级专员办公室开展合作的新开端。[1] 在此之后,中国不断通过协议条约等表明自己推进联合国人权行动的决心。

中国还用行动做出了实际努力:"1978年,中国支持联合国人权机构对由于外国入侵柬埔寨所造成的大规模粗暴侵犯人权问题的关注,对有关决议均投赞成票;1979年,中国支持联合国人权机构对外国侵略阿富汗所采取的行动,并对要求外国军队从阿富汗撤出、在阿富汗恢复和平的有关决议投赞成票;1989年,中国对美国入侵巴拿马的行为进行谴责,并强烈呼吁和要求美国立即停止这种侵略行动,无条件地从巴拿马撤回全部入侵军队,尊重巴拿马的独立和主权。中国对联合国有关机构关于要求外国军队撤出巴拿马的决议投了赞成票。"[2]

中国在联合国人权领域的活动范围在不断扩大,实践方式也不断丰富。中国将继续稳步推进在人权领域的国际合作。

---

[1] "中国和联合国机构签署人权合作备忘录",http://www.huaxia.com/xw/dlxw/2000/11/221983.html。(访问时间:2016年8月10日)
[2] 王民:"中国在国际人权领域中所做的努力",《外交评论》1991年第4期,第45页。

(四) 中国对和平维度新发展: 新安全观

中国能有如此积极的配合度,不仅在于综合国力的提升,更在于其意识到了合作对促进和平的重要性。中国倡导"新安全观",这是相对于传统安全观,主张相互信任,共同维护树立"互信、互利、平等和协作"的新合作模式,通过对话与合作解决争端,而不应诉诸武力或以武力相威胁。①正如中国前外长唐家璇所言,"争取和维护这样一个国际环境,是中国国家利益所在,也是中国作为国际社会一员所应尽的责任"。②而在2005年9月,国家主席胡锦涛出席联合国成立60周年首脑会议时,也提出"和谐世界"的理念和主张,以普世性观念塑造联合国的未来走向;并在雅加达召开的亚非会上表明,"安全上,我们亚非国家要成为平等互信、对话协作的合作伙伴。要树立互利、互信、平等、协作的新安全观,以对话增进互信,以协商化解矛盾,以合作谋求稳定,共同应对各种传统安全威胁和非传统安全威胁,维护世界和平"。③

由此,我们可见中国在与联合国合作的框架下,正积极承担对地区安全与世界和平的责任。

在上文中,我们依照消极和平与积极和平的脉络将联合国维和手段的演变做了纵向梳理,并横向比较了其手段的丰富性。总结来说就是五个阶段,主要以第二次世界大战和冷战结束作为分界点,

---

① "江泽民主席提出'新安全观'概念",http://news.xinhuanet.com/newscenter/2002-11/17/content_632296.htm。(访问日期:2016年8月8日)

② 中华人民共和国外交部政研室编:《中国外交》,世界知识出版社2005年版,第9页。

③ "胡锦涛亚非会议讲话全文",http://news.xinhuanet.com/world/2005-04/22/content_2865173.htm。(访问时间:2016年8月8日)

越往后和平的维护越积极，手段也更倾向于合作型。同时，对于中国恢复联合国合法席位后与联合国在和平维度上的合作，我们主要从军事、经济以及人权上做了梳理。毫无疑问，中国对于"世界和平"的贡献是巨大的，但这也离不开联合国与联合国系统下的组织对中国前期的援助，为此我们可以看出，中国在和平维度下与联合国的互动取得了重大成效。目前，中国还在继续为和平做出努力，相信其与联合国的合作会推动双方取得更好的成绩。

后　记

四川外国语大学与联合国的情缘始于模拟联合国大会活动。多年来，川外模联团队通过主办、承办和参与各种模拟联合国大会活动，在国内高校团队中赢得了良好的声誉。2016年初，为了配合四川外国语大学国际组织人才教改实验班的开设，学校决定由国际关系学院牵头成立四川外国语大学联合国与可持续发展问题研究中心。该中心的任务是推动和促进川外关于联合国问题的教学、研究与宣传工作。与此同时，为了更好地开展上述工作，川外还与中国联合国协会签署了战略合作伙伴协议并共同制订了年度工作计划。其中，首届联合国问题全国征文大赛的举办即是双方开启合作的重要一步。而本次出版的论文集就是以首届征文大赛的获奖者论文为主体而形成的。这些论文的作者来自国内外各大高校，有青年教师、博士生、硕士生，还有一部分本科生。经过大赛指导委员会资深专家与学者的多轮评定，他们从近百名参赛者中脱颖而出。同时，他们也因此获邀参加了在川外召开的联合国与可持续发展学术研讨会，并在会上宣读了论文。本次出版的论文是各位参赛者再次修改完善后的作品，希望他们的成果能够为中国的联合国问题研究贡献一份力量。

后 记

除了参赛获奖作者外，本论文集还邀请了四川外国语大学联合国与可持续发展问题研究中心的几位教师参与写作。此外，我们要特别感谢中国联合国协会前副会长兼总干事刘志贤先生、张毅副处长以及刘青先生。他们为征文大赛的筹办和本书的出版做出了重要贡献，尤其是刘志贤先生专门邀请了联合国毒品和犯罪问题办公室执行主任尤里·费多托夫为本书作序，极大地鼓舞了各位作者和川外同仁继续从事联合国问题研究的热情。在此，对费多托夫主任的支持表示衷心的感谢。当然，本书得以顺利出版还得益于时事出版社的谢琳主任及其编辑团队的专业校对与修改建议。如有其他疏漏之处，均由作者自行承担。欢迎学界同仁及广大读者批评指正。

编者

2017 年 10 月 5 日于四川外国语大学